Unternehmen

Sven Kette

Unternehmen

Eine sehr kurze Einführung

 Springer VS

Sven Kette
Luzern, Schweiz

ISBN 978-3-658-18073-7   ISBN 978-3-658-18074-4   (eBook)
DOI 10.1007/978-3-658-18074-4

Die Deutsche Nationalbibliothek verzeichnet diese Publikation in der Deutschen National-
bibliografie; detaillierte bibliografische Daten sind im Internet über http://dnb.d-nb.de abrufbar.

Springer VS
© Springer Fachmedien Wiesbaden GmbH 2018

Lektorat: Katrin Emmerich

Gedruckt auf säurefreiem und chlorfrei gebleichtem Papier

Springer VS ist Teil von Springer Nature
Die eingetragene Gesellschaft ist Springer Fachmedien Wiesbaden GmbH
Die Anschrift der Gesellschaft ist: Abraham-Lincoln-Str. 46, 65189 Wiesbaden, Germany

Für meine Eltern,
Ulrike und Heinz-Dieter Kette

Inhalt

Vorwort

Der vorliegende Text führt in den Organisationstyp Unternehmen ein. Er greift dabei einerseits auf organisationswissenschaftlich etablierte Konzepte zurück, entwickelt darüber hinaus aber auch eigene Ideen weiter, die ich in ihren Grundzügen erstmals an anderer Stelle umrissen habe (Kette 2012). Im besten Falle bietet das vorliegende Buch damit nicht nur ,Einsteigern' eine leicht zugängliche Orientierung für das Verständnis von Unternehmen, sondern eröffnet auch noch ,Fortgeschrittenen' und ,Profis' neue Perspektiven.

Bei der Vertiefung, Klarstellung und Weiterentwicklung meiner Argumente habe ich maßgeblich von der wachen Kommentierung und der schier unermüdlichen Lektüre- und Diskussionsbereitschaft großartiger Kollegen profitiert. Mein herzlicher Dank hierfür gilt Finn-Rasmus Bull, Niklas Gaupp, Raimund Hasse, Thomas Hoebel, Tobias Kohl, Stefan Kühl, Judith Muster und Veronika Tacke.

Darüber hinaus hatte ich das große Glück, interessierte Studierende für eine Probelektüre zu gewinnen. Deren Leseeindrücke waren im Schreibprozess enorm hilfreich, um die Perspektive und Bedürfnisse von ,Einsteigern' zu reflektieren. Der vorliegende Text hat dadurch fraglos gewonnen – und wo dies nicht gänzlich gelungen sein sollte, sind die entsprechenden Versäumnisse selbstverständlich allein mir zuzurechnen. Für ihre engagierte Lektürebereitschaft sowie zahlreiche erhellende Hinweise danke ich Felix Bathon, Lucia Maldinger, Jan Marquardt und Larissa Pelloni.

Mein besonderer Dank gilt Anita Stettler, die das komplette Manuskript in beispielloser Klarheit und Ausführlichkeit kommentiert und damit wesentlich zu dessen Weiterentwicklung beigetragen hat. Einen besseren ,Testleser' hätte ich mir nicht wünschen können!

Tabea Koepp danke ich herzlich für ihre regelrecht spontane Bereitschaft zur Übernahme des Korrektorats. Sie war mir damit eine große Hilfe.

Gabriela Albisser hat mich nicht nur immer wieder daran erinnert, dass es auch ein Leben jenseits des Manuskripts gibt – sie hat dieses Leben auch mit Leben gefüllt. Merci vielmol!

Sven Kette   Luzern, im März 2017

Einleitung: Das Unternehmen als Organisationstyp 1

Unternehmen sind gleichzeitig einer der interessantesten und einer der in der Organisationsforschung am stärksten trivialisierten Organisationstypen. Die Spezifika von Unternehmen, die sie zu einem derart interessanten Organisationstyp machen, werden im Verlaufe dieses Buches entfaltet und ausgeführt. Einige seien aber bereits an dieser Stelle wenigstens erwähnt. Zunächst fällt die beträchtliche Formenvielfalt auf. Unternehmen kommen in allen möglichen Größen, Branchen, hierarchischen Ausprägungen, räumlichen Ausdehnungen und mit den unterschiedlichsten internen Regeln vor (betreffen sie nun Kleidungsfragen und ‚Duz'-Gepflogenheiten oder die Frage, wie Anwesenheitspflichten gestaltet werden und welche Bedeutung formalen Meetings beigemessen wird). Eine weitere Auffälligkeit ist das spezifische Verhältnis von Unternehmen zum Geld. Das für alle Organisationen relevante Problem der Geldbeschaffung stellt sich Unternehmen insofern in einer ganz besonderen Weise, als sie es über den Verkauf von Produkten oder Dienstleistungen bearbeiten müssen. Hieraus ergibt sich eine für Unternehmen typische Problemdynamik. Schließlich – weniger an sich schon interessant, aber doch ein Beleg für die gesellschaftliche Relevanz von Unternehmen – sind Unternehmen in der modernen Gesellschaft der mit Abstand verbreitetste Organisationstyp, und es gibt kaum eine Möglichkeit, sich ihnen für einen längeren zeitlichen Abschnitt zu entziehen. Während Schul- und Hochschulzeiten auf spezifische biographische Phasen begrenzt sind, Krankenhausaufenthalte sich im seltenen Glücksfall komplett vermeiden lassen oder allenfalls das Symptom einer wiederum biographischen Krise sind, für das Militär je nach Landesverfassung Mitgliedschaften für *begrenzte* Zeit verpflichtend sind oder sich mit wenig Aufwand vollständig umgehen lassen, sind wir mit Unternehmen praktisch täglich und unser gesamtes Leben hindurch konfrontiert. Entweder weil wir – wie die meisten – bei einem Unternehmen angestellt sind, oder weil wir als Kunden oder Aktionäre mit Unternehmen zu tun haben.

So vielfältig wie sich die Kontaktpunkte zu Unternehmen darstellen, so breit ist auch das Interesse an einem genaueren Verständnis der Funktionsweise von Unternehmen. *Manager* sind auf der Suche nach den effektivsten ,Stellschrauben', um die Effizienz, die Produktivität oder – ganz allgemein – den Erfolg eines Unternehmens zu sichern. Sie sind es auch, die am besten darum wissen (könnten), dass die meisten Reformbemühungen nicht ausschließlich zu den anvisierten Effekten führen. Vielmehr kommt es im Rahmen der Umsetzung regelmäßig auch zu nicht-intendierten Folgen. Auch mit Blick auf *Organisationsberater*, die häufig bei der Erarbeitung oder Umsetzung von geeigneten ,Change'-Projekten Unterstützungsleistungen für das Management von Unternehmen erbringen, liegt das Interesse an einem umfassenden Tiefenverständnis unternehmensinterner Strukturen und Prozesse auf der Hand. Aber auch mancher *Unternehmensmitarbeiter* auf nachgeordneten Hierarchieebenen wird sich über die Funktionsweise von Unternehmen Gedanken machen, wenn er hilflos zusieht, wie seine lokalen Kenntnisse um defizitäre und dysfunktionale Abläufe auf den entscheidenden Hierarchieebenen einfach kein Gehör finden. Und selbst als *Kunde* mag man sich bisweilen fragen, ,was bei denen eigentlich los ist', wenn das eigene Anliegen ohne erkennbare Resonanz in den Untiefen der Call-Center-Kontakte oder der Kontaktformulare versandet. Die *Organisationsforschung* schließlich ist der Bereich, von dem man sich am ehesten Analysen und Konzepte erhoffen darf, die es erlauben, all die angesprochenen Phänomene besser zu verstehen. Sie wird daher auch die Hintergrundfolie für die weiteren Beschreibungen darstellen.

Möchte man nun aus einer solchen organisationswissenschaftlichen Perspektive in Unternehmen einführen, gibt es im Grunde zwei Möglichkeiten. Die erste Möglichkeit besteht darin, eine systematische Theorie-Zusammenschau zu schreiben. Man trägt also alles, oder doch zumindest das Wesentliche, zusammen, was bisher über Unternehmen geschrieben wurde, sortiert dies gegebenenfalls entlang historischer Phasen oder zentraler Prämissen und präsentiert es in einer kommentierten, auf die wichtigsten Aspekte reduzierten und daher im besten Falle leicht zugänglichen Form. Genau genommen handelte es sich bei einer solchen Einführung jedoch vor allem um eine Einführung in die Unternehmens*theorie*.

Hier wird stattdessen der zweite mögliche Weg beschritten. Dieser besteht darin, eine *gegenstandsbezogene* Einführung zu schreiben, also vom Phänomen auszugehen (es gibt Unternehmen!), dieses zu beschreiben und es so einer Analyse zugänglich zu machen. Selbstverständlich kommen auch in einer solchen gegenstandsbezogenen Variante Organisationstheorien vor. Wie sonst sollte man in gehaltvoller Weise über irgendein Phänomen sprechen bzw. schreiben können – und dann auch noch mit der Absicht, analytisch instruktive Beschreibungen anzufertigen? Das Ziel dieser Variante ist es aber, mehr über die faktischen Strukturen und die Funktionsweise von Unternehmen zu erfahren und nicht primär darüber zu informieren, wie in der Wissenschaft über Unternehmen nachgedacht wird oder wurde.

Die erste Frage im Zusammenhang mit einer gegenstandsbezogenen Einführung in Unternehmen lautet natürlich: Was ist eigentlich ein Unternehmen? Alltagsweltlich scheint es relativ leicht, eine wenn auch grobe, so doch brauchbare Antwort auf diese Frage zu finden. Man könnte etwa sagen, dass alle Unternehmen im weitesten Sinne irgendetwas herstellen bzw. produzieren (sei es ein Produkt oder eine Dienstleistung); dass sie dieses nicht nur herstellen, sondern auch verkaufen, sie es also gegen Geldzahlung (und nicht im Tausch, unter Zwang oder aus Solidarität) abgeben; und dass Unternehmen schließlich durch diesen Verkauf ihrer Produkte oder Dienstleistungen Profite erwirtschaften wollen. Ein solches Verständnis ist natürlich nicht falsch, es verweist im Gegenteil sogar auf ganz wichtige Aspekte. Für ein tiefer gehendes Verständnis ist es jedoch erforderlich, all diese Merkmale und ihr Verhältnis zueinander zu sortieren, sowie sie auf ihre jeweiligen Voraussetzungen und die mit ihnen verbundenen Implikationen und Folgen zu prüfen. Die Frage, was ein Unternehmen eigentlich sei, kann daher auch nicht zu Beginn dieser Einführung beantwortet werden, sondern allenfalls – wenn dies denn tatsächlich die entscheidende Frage sein sollte – am Ende dieser Einführung geklärt sein.

Eine allgemeine Antwort kann und muss aber bereits jetzt gegeben werden, weil sie die Perspektive dieser Einführung auf ihren Gegenstand – das Unternehmen – betrifft: *Unternehmen sind ein spezifischer Typ von Organisationen.* Jeder organisationswissenschaftliche Theorieansatz betont eigene Aspekte zur Beschreibung von Organisationen und deren interner Mechanismen. An dieser Stelle soll nur auf wenige allgemeine Punkte aufmerksam gemacht werden. Zwar handelt es sich bei diesen Basiskonzepten um die Eckpfeiler der systemtheoretischen Konzeption von Organisationen. Sie besitzen aber eine hohe konzeptionelle Anschlussfähigkeit auch zu anderen Organisationstheorien und machen zugleich auf empirisch relevante Sachverhalte aufmerksam. Für die weiteren Betrachtungen des Unternehmens bilden sie den analytischen Rahmen.

Ein allgemeines Verständnis von Organisationen

Erstens handelt es sich bei formalen Organisationen um solche sozialen Systeme, die über ihre *Mitgliedschaften* im Modus der Entscheidung disponieren und die Mitgliedschaft zudem an Bedingungen – Erwartungen, die nicht enttäuscht werden dürfen – knüpfen können (Kühl 2011: 30ff.; siehe bereits Luhmann 1964: 39ff.). Darin unterscheiden sich Organisationen etwa von Familien, Nationalstaaten, Gruppen (wie z. B. Freundeskreisen) oder Netzwerken, in denen die Mitgliedschaft entweder bedingungslos qua Geburt oder qua fortgesetzter Anwesenheit konkreter Personen erfolgt.

Zweitens bilden formale Organisationen *Zwecke* aus (Kühl 2011: 54ff.; siehe bereits Luhmann 1977). Sie verfolgen also Ziele, wie die Behandlung von Kranken oder die Produktion von Autos. Auch dies unterscheidet sie von anderen sozialen Systemen, die – wie etwa Familien oder gruppenförmige Freundschaftscliquen – ihren Zweck in sich selbst finden.

Drittens sind Organisationen mehr oder weniger *hierarchisch strukturiert* (Kühl 2011: 69ff.; siehe auch: Luhmann 1997: 834f.). Jenseits aller Selbstbeschreibungen von Demokratisierung, partizipativer Führung und Ähnlichem verfügen doch praktisch alle formalen Organisationen auch über ein Organigramm, das nicht allein über die Stellen, sondern auch noch über deren hierarchische Beziehung zueinander informiert. Formal gestützte Weisungs- und Anordnungsverhältnisse sind in Organisationen der Normalfall.

Und schließlich ist für Organisationen ihre *Entscheidungsbasiertheit* charakteristisch (Luhmann 2009b; Tacke 2010). Organisationen beobachten und ‚vollziehen‘ sich im Modus des Entscheidens. Sowohl der Ein- und Austritt von Personen (Mitgliedschaft) wie auch die Setzung konkreter Zwecke und die spezifische Ausgestaltung der Hierarchie erfolgen durch Entscheidungen. Aber mehr noch: *Alles,* was im Kontext von Organisationen formale Bedeutung erlangt, muss durch das Nadelöhr der Entscheidung. Dementsprechend gilt auch das Interesse von Neulingen in Organisationen, sofern sie um Orientierung bemüht sind, zunächst Fragen wie: Wer hat das zu entscheiden? Wen muss ich über diese Entscheidung informieren? Wer ist vor einer Entscheidung zu konsultieren? Werden Entscheidungen faktisch eigentlich in den Meetings oder in den Vor- und Nachbesprechungen auf den Fluren vorbereitet? Was muss ich entscheiden und worüber darf ich nicht entscheiden?

Für den organisationswissenschaftlich sensibilisierten Leser wird der Vorschlag, Unternehmen als einen spezifischen Typ von Organisation zu behandeln, möglicherweise unbefriedigend erscheinen. Was sonst, könnte er oder sie fragen, sollten Unternehmen sein, wenn nicht ein spezifischer Typ von Organisation? Ein Blick auf die soziologischen, wirtschaftswissenschaftlichen und organisationstheoretischen Diskussionen um Unternehmen lässt aber erkennen, dass diese Perspektive sich keineswegs aufdrängt. Vielmehr herrscht einige Konfusion im Verhältnis von Organisation und Unternehmen, die sich auch schon daran ablesen lässt, dass die Konzepte Organisations- und Unternehmenskultur häufig synonym verwendet werden (Grubendorfer 2016). Es bedarf daher noch einer knappen Klärung, um Unternehmen überhaupt als Organisation begreifen zu können.

Konfusionen im Verhältnis von Organisation und Unternehmen

Bei der Durchsicht sozialwissenschaftlicher Angebote zur Beschreibung und Analyse von Unternehmen sind zwei Befunde bemerkenswert. So fällt einerseits auf, dass das Angebot an Theorien über Unternehmen bzw. solchen Theorien, die für sich beanspruchen, auch über Unternehmen Auskunft geben zu können, sehr groß ist. Andererseits gibt es jedoch kaum Versuche, Unternehmen explizit *als* Organisationen zu begreifen. Zum Verständnis und zur Abgrenzung der hier eingenommen Perspektive ist es hilfreich, die vorliegenden Theorieangebote wenigstens kurz daraufhin zu prüfen, wie sie das Verhältnis von Organisation und Unternehmen stattdessen fassen.

Im Rahmen eines Sortierversuchs fällt dann schnell auf, dass die wichtigsten unternehmensbezogenen Theorien entlang einer recht klar zu markierenden Linie in zwei Lager zerfallen: Auf der einen Seite finden sich solche Theorien, die Unternehmen und Organisationen als Gegenbegriffe auffassen und dabei das ‚organisationale Moment' des Unternehmens vernachlässigen. Während Schulen, Parteien, Krankenhäuser, Gerichte, Universitäten und manches mehr in dieser Perspektive als ‚Organisationen' gelten, bilden Unternehmen in diesen Theorien den Antipoden. Demgegenüber findet sich eine Reihe von theoretischen Ansätzen, in denen Unternehmen gleichsam als prototypische Organisationen verstanden werden und andere Organisationstypen – wie eben Schulen, Krankenhäuser oder Verwaltungen – als unvollständig und defizitär erscheinen.

Unternehmen statt Organisation – die reduktive Perspektive

Kennzeichnend für die reduktive Perspektive auf Unternehmen ist, dass sie die Binnenkomplexität des Unternehmens verkennt. Unternehmen erscheinen dann als rein technische Produktions- und Rechnungseinheiten. Koordinations- und Entscheidungsprobleme sowie die damit einhergehenden Unsicherheiten haben in den entsprechenden Unternehmenskonzeptionen ebenso wenig Platz wie Konkurrenzen zwischen einzelnen Abteilungen und die daraus erwachsenen Irrationalitäten. All dies kommt in den zweckrationalen Unternehmensmodellen der Allgemeinen Betriebswirtschaftslehre und der neo-klassischen Theory of the Firm allenfalls als zu kontrollierende Störfaktoren vor. Die organisationalen Aspekte des Unternehmens und damit zusammenhängende Problemlagen – wie etwa Kontrollprobleme, Routineaufgaben, knappe Budgets oder ein Mittelmanagement mit eigenen Karriereaspirationen – werden unterschlagen (Cyert und March 1992[1963]: 8). Letztlich liegt dieser Perspektive eine Vorstellung zu Grunde, nach der Unternehmen keine Organisationen *sind*, sondern sie allenfalls eine Organisation *haben*, welche es zu neutralisieren gilt, bevor sie zur Quelle von Problemen werden kann (Gutenberg 1988 [1929]: 25; Baecker 1993: 65f.).

Eine solchermaßen unterkomplexe Perspektive mag sich dann zwar noch für die Entwicklung präskriptiver Modelle der Kostenrechnung eignen, sie vermag es jedoch nicht, die *Funktionsweise* von Unternehmen zu verstehen und zu analysieren. Insofern eine solche Unternehmenskonzeption eher idealisierten Vorstellungen folgt, als dass sie es erlaubt, die empirischen Verhältnisse auszuleuchten, handelt es sich um eine reduktive Perspektive. Ein tiefergehendes Verständnis von Unternehmen lässt sich auf dieser Grundlage jedenfalls nicht gewinnen.

Unternehmen als prototypische Organisationen – die totalisierende Perspektive

Während im Rahmen der reduktiven Perspektive die Organisationsförmigkeit von Unternehmen ausgeblendet wird, finden sich auf der anderen Seite eine Reihe von Theorien, die genau umgekehrt Unternehmen als einzige vollkommene Organisation und in diesem Sinne als prototypische Organisation verstehen. Obwohl diese Organisationstheorien oftmals einen allgemeinen Anspruch haben, kennzeichnet sie doch ein mehr oder weniger stark ausgeprägter Unternehmensbias. Unternehmen werden dort zwar einerseits als nur ein Organisationstyp neben mehreren anderen behandelt. Zugleich sind Unternehmen aber oftmals der herausgehobene, die Kategorie der Organisation erst bildende Typ. Die Identifizierung und Anerkennung weiterer Organisationstypen läuft dann über den Vergleich mit Unternehmen und gewinnt erst über die entsprechende Abweichungsbeschreibung Kontur.

Unternehmen werden dabei als die ,vollkommeneren' Organisationen verstanden, wohingegen Parteien, Schulen, Kirchen etc. als defizitär bzw. unvollständig erscheinen. Dieser Bias ist zwar in zahlreichen Organisationstheorien implizit angelegt, wird aber nur selten expliziert (für eine empirisch gewendete Ausnahme siehe Brunsson und Sahlin-Andersson 2000: 731). So fällt etwa auf, dass vieles, was Henry Mintzberg (1979) oder auch Niklas Luhmann (2000) allgemein über Organisationen schreiben, vor allem mit Blick auf Unternehmen plausibel erscheint, weit weniger jedoch bei der Anwendung auf Schulen oder öffentliche Verwaltungen. Dies betrifft nicht zuletzt die Annahme einer weitreichenden Entscheidungsautonomie, welche wir für Unternehmen in Kapitel 2.2 ausführlich betrachten werden.

Wenn die hier für prominente Organisationstheorien diagnostizierte Gleichsetzung von Organisation und Unternehmen zutrifft, mag dies auch erklären, wieso die empirische Organisationsforschung Unternehmen bislang weitestgehend vernachlässigt hat: Sie bilden faktisch die Kontrastfolie, vor der die Besonderheit anderer Organisationstypen sichtbar wird und interessant erscheint. Das Unternehmen als Gegenstand empirischer Forschung verschwindet damit aber gleichsam hinter dem Organisationsbegriff selbst.

Wie aber dann? Das Unternehmen als Organisationstyp – die problemorientierte Perspektive

Wenn also die oben diskutierten Varianten der Beschreibung des Verhältnisses von Organisation und Unternehmen nicht überzeugen, stellt sich die Frage: wie dann? Der Schlüssel zur Beantwortung dieser Frage liegt darin, Unternehmen als einen spezifischen *Typ der Organisation* neben anderen zu verstehen. Die Frage lautet dann, was es ist, das Unternehmen als Organisationen erkennbar macht und sie gleichzeitig gegenüber anderen Organisationstypen auszeichnet. Es gilt also, Unternehmen als Organisationen zu verstehen, ohne sie dabei mit dem Konzept der Organisation selbst zu verwechseln. Ziel einer solchen Perspektive muss es sein, Unternehmen in ihrer Binnenkomplexität ernst zu nehmen und damit die Fehler der reduktiven Perspektive zu vermeiden. Gleichzeitig dürfen die Unternehmensmerkmale aber auch nicht als konstitutiv für Organisationen schlechthin angesehen werden. Denn dies würde bedeuten, den Fehler der totalisierenden Perspektive zu wiederholen.

　　Die Vorlagen für eine solche Beschreibung sind rar (siehe aber z. B. Cyert und March 1992[1963] sowie Dill 1965). Erst seit Kurzem verstärkt sich das organisationswissenschaftliche Interesse an Unternehmen. Besondere Beachtung haben dabei die im Zuge aktueller gesellschaftlicher Entwicklungen sich herausbildenden Unternehmensformen erfahren: so zum einen die internationalen, globalen, trans- und multinationalen Konzerne (Mense-Petermann 2006; 2012), in deren Zusammenhang sich auch die Frage stellt, inwieweit regionale Unterschiede in der Organisation des Unternehmens identifizierbar sind (DiMaggio 2001). Zum anderen stehen in jüngerer Zeit die für die New Economy typischen kapitalmarktorientierten Unternehmen, insbesondere Start-ups, im Fokus (z. B. Kühl 2002; 2005; Hasse 2010; 2015).

　　Der Blick auf diese jüngeren Interessen der organisationswissenschaftlichen Unternehmensforschung verdeutlicht zugleich, worin die Hauptherausforderung besteht, wenn man Unternehmen als einen Organisationstyp beschreiben möchte: Es ist die Formenvielfalt des Unternehmens selbst. Wieso ausgerechnet Unternehmen als *einen* Organisationstyp behandeln und nicht etwa Konzerne und Start-ups als zwei unterschiedliche Typen? Schließlich könnte man auf den ersten Blick meinen, dass Konzerne mehr Ähnlichkeit mit großen öffentlichen Verwaltungen haben und Start-ups eher mit kleinen Vereinen, als dass Konzerne und Start-ups sich einander ähneln würden.

Diese Einführung geht von dem Argument aus, dass für das *Unternehmen als Organisationstyp* spezifische – eben typische – *Funktionslogiken* und *Problemdynamiken* zu identifizieren sind. Die grundlegende Annahme besteht also darin, dass Start-ups, Konzerne und andere Unternehmensformen sich aufgrund spezifischer struktureller Konfigurationen und Beziehungen zu ihrer jeweiligen Umwelt den gleichen typischen Problemlagen ausgesetzt sehen. Diese Probleme können nicht endgültig gelöst, sondern allenfalls kontinuierlich bearbeitet werden. Dementsprechend gewinnt das Unternehmen als Organisationstyp vor allem darüber Kontur, dass die entsprechenden Organisationen gleiche Zentralprobleme teilen.

Wohl gemerkt: damit ist nicht behauptet, dass Unternehmen jeweils nur ein oder wenige Großprobleme hätten. Es soll aber doch gesagt sein, dass sich Problemdynamiken identifizieren lassen, die von Unternehmen nicht ignoriert werden können und die sich in dieser Konstellation nur innerhalb von Unternehmen finden. Ein solches Vorgehen befindet sich in der Nähe des von Niklas Luhmann (1974a; 1974b) beschriebenen Verfahrens der funktionalen Analyse. Diese funktionale Analyse interessiert sich vor allem für Problem-/Lösungskonstellationen. Gefragt wird immer, welche Funktion bestimmte Strukturen erfüllen: inwiefern genau stellen sie also für ein bestimmtes Problem eine Lösung dar und welche Folgen bzw. Folgeprobleme bringt die spezifische Lösung mit sich (Kette und Tacke 2015: 242-248; Schneider 2004: 52-71; Schützeichel 2003: 226-261).

Dass diese Problem-/Lösungskonfigurationen dann in jeweiligen konkreten Unternehmen je konkrete Fassungen annehmen, wird sich am Ende dieses Buches von selbst verstehen. Im Weiteren geht es nun darum, diese unternehmenstypischen Problemdynamiken zu identifizieren. Den Ausgangspunkt bilden dabei zwei zentrale Merkmale des Unternehmens: die *Eigenfinanzierung* und die *Entscheidungsautonomie*.

Im Buch selber wurde bewusst auf Fußnoten verzichtet, da diese den Charakter einer kurzen und leicht zugänglichen Einführung unterlaufen hätten. Wer jedoch an grundsätzlicheren Überlegungen und Auseinandersetzungen interessiert ist, findet im Anmerkungsapparat weiterführende Hinweise und tiefergehende Erläuterungen. Der Anmerkungsapparat findet sich als Zusatzmaterial auf der Produktseite dieses Buches unter www.springer.com.

Eigenfinanzierung und Entscheidungsautonomie: Zwei zentrale Merkmale des Unternehmens

Möchte man die Funktionslogik und zentrale Problemdynamiken des Unternehmens verstehen, sind zwei Beobachtungen besonders hervorzuheben. Zum einen ist dies die *spezifische Form der Refinanzierung* von Unternehmen. Alle Unternehmen bieten Produkte an, die sie gegen Geld an ihre Umwelt abgeben – dabei kann es sich sowohl um physische Waren wie Autos oder Waschmaschinen handeln als auch um Dienstleistungen wie die Gestaltung einer Website, die Beratung von Organisationen oder das Verleihen von Geld. Soziologisch und etwas abstrakter formuliert, refinanzieren sich Unternehmen über den Verkauf selbst erstellter Leistungen (dazu Kapitel 2.1). Zum anderen sind Unternehmen mit Blick auf ihre Entscheidungen in einem hohen Maße von ihrer Umwelt unabhängig. Während Schulen, Verwaltungen, Universitäten, Parteien und zahlreiche andere Organisationen in ihren Entscheidungen entweder durch Entscheidungen anderer Organisationen in ihrer Umwelt beschnitten werden oder die Befindlichkeiten ihrer Mitglieder besondere Rücksichtnahmen erfordern, verfügen Unternehmen nach innen wie nach außen über eine umfassende *Entscheidungsautonomie*.

Beide Merkmale – die unternehmenstypische Form der Refinanzierung aus dem Verkauf selbst erstellter Leistungen einerseits sowie das für Unternehmen ebenso typische hohe Maß an Entscheidungsautonomie andererseits – stehen in einem wechselseitigen Ermöglichungsverhältnis zueinander. Ohne eigenständige Refinanzierung ist das erreichbare Maß an Entscheidungsautonomie deutlich begrenzt und auch umgekehrt gilt: ohne ein hohes Maß an Entscheidungsautonomie wird der organisationale Versuch, sich qua Leistungsabgabe zu refinanzieren, kaum Aussicht auf nachhaltigen Erfolg haben.

Das Kapitel 2.1 wird zunächst von der spezifischen Refinanzierungsform des Unternehmens ausgehen und Implikationen der Eigenfinanzierung aufdecken. In diesem Zusammenhang zeigt sich, dass die Eigenfinanzierung mit hohen Unsicherheiten belastet ist und dass die Entscheidungsautonomie von Unternehmen eine wichtige Voraussetzung ist, um diese Unsicherheiten bearbeiten zu können.

Das Kapitel 2.2 wird dann die Perspektive wechseln und aufzeigen, in welchen Hinsichten sich die Entscheidungsautonomie von Unternehmen manifestiert. Dabei wird deutlich, dass Entscheidungsautonomie immer auch insofern Entscheidungszumutung heißt, als dass alle aufkommenden Probleme nicht nur entschieden werden *können*, sondern sie auch entschieden werden *müssen*. Theoriehistorisch betrachtet wurden die Probleme der Geldbeschaffung deutlich eher gesehen als die Eigenqualität der Entscheidungsprobleme.

2.1 Die Eigenfinanzierung des Unternehmens

Im einleitenden Kapitel wurde bereits deutlich, dass eine Perspektive, die Unternehmen *als* Organisationen begreift, nicht selbstverständlich ist und dass es zahlreiche ökonomische, soziologische und auch organisationswissenschaftliche Theorien gibt, die Unternehmen gerade *nicht* als Organisationen verstehen. So vielschichtig wie die Debatte um das Verhältnis von Unternehmen und Organisation sich darstellt, so komplex ist auch die Frage nach der Bedeutung von Geld bzw. Profiten für das Unternehmen.

Vielleicht ist es naheliegend, mindestens aber hat es eine gewisse Alltagsplausibilität, dass Unternehmen vor allem mit Blick auf Profitprobleme thematisiert werden. Schließlich wird auch in alltagsweltlichen Kontexten zumeist als gegeben unterstellt, dass Unternehmen Profite erwirtschaften müssen. Dies zeichne sie vor allem aus und möglicherweise fänden sie darin gar ihren Zweck. Diese verbreitete Assoziation von Unternehmen und Profiten entbehrt selbstverständlich nicht einer gewissen Plausibilität, geht es doch in Unternehmen ständig um Kennzahlen der Effizienz, Kostensenkungen, Gewinnmargen, Return-on-Investments, Preise, Marktanteile und weitere Bedingungen und Folgen einer Profitorientierung. Dass mit dieser reduktiven Gleichsetzung von Unternehmen mit Profitmotiven schon alles oder auch nur das Wesentliche über Unternehmen gesagt sei, darf jedoch bezweifelt werden.

Im Folgenden gilt es dementsprechend, die für Unternehmen tatsächlich zentrale Bedeutung von Profiten anzuerkennen, eine ökonomistische Reduktion auf das Profitproblem aber zu vermeiden. Worauf es stattdessen ankommt, ist die Frage nach dem Profit und allgemeiner nach der Refinanzierung in einen organisationstheoretischen Rahmen einzuhegen und damit eine höhere Auflösung des Problems ebenso zu erreichen, wie einen Blick auf anhängige Folgeprobleme zu ermöglichen.

Die Bedeutung von Profiten für Unternehmen: Organisationszwecke versus Refinanzierungsformen

Die zentrale Unterscheidung, um klären zu können, welche Bedeutung Profite für Unternehmen haben, ist die von Organisationszwecken und Refinanzierungsformen. Verbreitet ist die im Rahmen (neo-)klassischer Konzeptionen angelegte Vorstellung, Profite als Unternehmenszweck zu verstehen. Die Gefahr dieser Betrachtungsweise besteht darin, das gesamte Unternehmen auf den einen Zweck der Profitmaximierung zu reduzieren. Hat man sich einmal auf diese Perspektive festgelegt, fällt es schwer, die Bedeutung von Profiten zu relativieren. Es fällt dann aber auch schwer, ihre Bedeutung genauer zu bestimmen und auszuführen. Vielmehr erscheint Profiterwirtschaftung ganz kompakt als *die* notwendige Bedingung für die Existenz eines Unternehmens schlechthin. Ein höheres Auflösungsvermögen lässt sich gewinnen, wenn man Profite nicht als Unternehmenszweck begreift, sondern als ein Folgeproblem der unternehmensspezifischen Refinanzierungsform. Dieser Perspektivenwechsel bedarf einer kurzen Erläuterung.

So geht es nicht: Profitmaximierung als Unternehmenszweck – die neo-klassische Perspektive

Vor allem in der so genannten Neo-Klassik, also jener ökonomischen Mainstream-Lehrmeinung, die sich ca. in der zweiten Hälfte des 19. Jahrhunderts entwickelt hat, wird eine klare Assoziation von Unternehmen und Profiten unterstellt (Furubotn und Richter 2005: 361). Der Hauptfokus dieser Perspektive liegt auf dem Markt und dessen Koordinierungsleistungen. Unterstellt wird dabei, dass alle Marktteilnehmer sich perfekt rational verhielten, sie also ihre eigenen Präferenzen kennen, sie zudem wissen, welche Mittel zur Erreichung ihrer Ziele zu wählen sind und welche Nebenfolgen mit der Wahl jeweiliger Mittel einhergehen. Auch die Bedürfnisse potentieller Kunden werden als bekannt unterstellt, ebenso wie die damit verbundenen Absatzchancen. Und auch wo die Annahme eines perfekten Marktes relativiert wurde, indem zum Beispiel Theorien für Monopole (Chamberlin 1952; 1962) oder Oligopole (Stigler 1952) entwickelt wurden, werden die genannten Grundannahmen im Wesentlichen beibehalten (Cyert und March 1992[1963]: 7).

Wengleich diese Perspektive also vor allem den Markt und gerade nicht Unternehmen fokussiert, entwickelt sie sich doch in einer Welt, in der auch Unternehmen vorkommen. Die zentralen Prämissen der Neo-Klassik führen jedoch zu einem recht eindimensionalen Bild von Unternehmen. Letztlich werden Unternehmen als Eigentümer-Unternehmen konzipiert, in denen ein allwissender Entrepreneur zugleich Eigentümer und Geschäftsführer ist. Als alleiniger Zweck des Unternehmens wird die Maximierung von Profiten angenommen, verstanden als die Differenz zwischen allen durch Produktionsabsatz erzielten Einnahmen auf der einen Seite und den Gesamtkosten für alle Inputs auf der anderen Seite (Arbeitskosten, Materialeinsatz, Technik etc.). Profitmaximierung ist in diesem Zusammenhang *der eine* Zweck von Unternehmen schlechthin. Worin liegen nun die Probleme der neo-klassischen Perspektive?

Probleme mit der neo-klassischen Perspektive

Aus einer organisationswissenschaftlichen Perspektive ist vor allem bemerkenswert, dass in der neo-klassischen Konzeption alle unternehmensinternen Prozesse als eine *problementlastete* ‚black box' erscheinen. Das neo-klassische Modell des Unternehmens kennt weder Entscheidungsprobleme noch darauf bezogene ‚Kosten' der Entscheidungsvorbereitung und -durchsetzung. Es leidet daher an einer ähnlichen Organisationsvergessenheit, wie wir dies in der Einleitung für die ‚reduktive Perspektive' bereits bemängelt haben. Hiervon ausgehend wird die neo-klassische Perspektive in der Literatur dafür kritisiert, nicht hinreichend zur Kenntnis zu nehmen, dass Unternehmen sich intern in verschiedene Abteilungen differenzieren – und dass sich entlang dieser Differenzierung verschiedene Zwecke ausbilden.

Insbesondere betont wird diese Zweckvielfalt im Rahmen der verhaltenswissenschaftlichen Entscheidungstheorie, welche das Unternehmen als politische Koalition auffasst (Cyert und March 1992[1963]). Gemäß diesem Ansatz führe die *interne Differenzierung* des Unternehmens dazu, dass in den einzelnen Abteilungen und Departments je eigene Ziele verfolgt werden. So mag zum Beispiel für jene Teile des Unternehmens, die mit dem Produktionsprozess befasst sind, die Orientierung an Produktionszielen wesentlich relevanter sein, als die Orientierung an Profiten. Selbst wenn also das oberste Management eine Profitorientierung durchsetzen wollte, wäre anzuerkennen, dass es sich bei Unternehmen um komplexe Organisationen mit einer intern differenzierten Struktur handelt. Und das bedeutet: die unternehmensinternen Grenzziehungen und Intransparenzen bringen eine organisationale Eigenlogik hervor, die sich nicht auf die Motive einer einzelnen Person reduzieren lässt – selbst wenn diese ganz oben in der Hierarchie steht.

Diese Erweiterungen durch den verhaltenswissenschaftlichen Ansatz zeichnen ein wesentlich komplexeres und damit auch realistischeres Bild von Unternehmen. Gleichwohl werden auch im Rahmen dieser Konzeption Profite weiterhin als Unternehmenszweck verstanden – wenn auch als ein Zweck neben anderen. Überzeugen kann dies jedoch ebenfalls nicht.

Grundsätzlich: Was spricht gegen ein Verständnis von Profiten als Unternehmenszweck?

Im Kern liegt sowohl der neo-klassischen Perspektive wie auch der verhaltenswissenschaftlichen Perspektive ein Verständnis zu Grunde, das Zwecke eng an die Ziele und Motive von einzelnen Personen koppelt – sei es der nach Gewinn strebende Eigentümer oder seien es die Mitarbeiter einzelner Abteilungen. Gehaltvoller erscheint es dagegen, den Unternehmenszweck als ein organisationales Merkmal zu begreifen.

In diesem Sinne fragt Niklas Luhmann im Rahmen seiner Analyse des Zweckbegriffs, welche Funktionen Zwecke für eine Organisation erfüllen (Luhmann 1977). Dabei beschreibt er Organisationszwecke als die „Scheuklappen" der Organisation. Angespielt ist damit auf zwei ähnliche, aber zu unterscheidende Selektivitäten. Zum einen bedeutet die (auch zeitlich begrenzte) Festlegung auf bestimmte Zwecke den Verzicht auf alle anderen im Prinzip auch denkbaren Zwecke: Die Umwelt zu schützen ist etwas anderes als die Teilnahme an Fußballturnieren zu organisieren. Und Autos zu bauen ist etwas anderes als Kühlschränke zu montieren. Zum anderen bedeutet die Festlegung auf bestimmte Zwecke aber auch das Absehen von weiteren Folgen, welche mit den Mitteln zur Zweckerreichung verbunden sein mögen. Wer zur Verbesserung von Arbeitsbedingungen zum Streik aufruft, wird von eventuell damit verbundenen Imageeinbußen absehen. Insofern handelt es sich bei Zwecken um Scheuklappen, die den Blick auf Alternativen in zwei Richtungen abdunkeln: Einerseits hinsichtlich alternativer Zwecke, andererseits hinsichtlich all jener Folgen, die zweckbezogene Handlungen jenseits ihres Beitrags zur Zweckerreichung auch noch haben mögen. In diesem Sinne wirken Zwecke fokussierend.

Die eigentliche Funktion dieses Scheuklappenprinzips liegt laut Luhmann (1977: 190) darin, „dem Grundproblem der Bestandserhaltung in einer komplexen und veränderlichen Umwelt, das als solches nicht instruktiv, nicht entscheidungsfähig ist, eine systemintern bearbeitbare Fassung" zu geben. Zwecke sind aus dieser Perspektive also gleichsam ‚Vereinfachungen' des hoch abstrakten Problems der Bestandserhaltung. Allein aus der allgemeinen Zielvorgabe, dass es das Unternehmen auch noch morgen, in einem oder in zehn Jahren geben soll, wird sich für anstehende Entscheidungen kaum eine Orientierung gewinnen lassen.

Wenn es bei Zwecken aber darum geht, Orientierung zu gewinnen, so ist Profitmaximierung wohl ebenfalls kaum als eine solche Vereinfachungsformel geeignet. Würde man das Grundproblem der Bestandserhaltung durch das Grundproblem der Profitmaximierung ersetzen, hätte man es zwar mit einem anderen Problem zu tun, dieses wäre jedoch ebenfalls weder instruktiv noch entscheidungsfähig. Vielmehr reformuliert es das Bestandsproblem nur auf einer ebenso abstrakten Ebene. Eine ‚systemintern bearbeitbare Fassung' des Bestandsproblems ist dies jedenfalls nicht.

Vor dem Hintergrund dieser allgemeinen Überlegungen zum Unternehmenszweck stellen sich zwei Anschlussfragen. Erstens: *Wenn es nicht die Erwirtschaftung
von Profiten ist, was ist dann der Unternehmenszweck?* Zweitens: *Wenn es nicht der
Unternehmenszweck ist, worin gründet dann die empirisch offensichtliche Relevanz
des Profitproblems für Unternehmen?*

Wie aber dann? Die Erstellung spezifischer Leistungen als Unternehmenszweck

Fragt man konkreter, wie denn eine systemintern bearbeitbare Fassung des Bestandsproblems aussieht, so fällt der Blick auf das, was in der Organisationstheorie als
‚Leistungserstellung' bezeichnet wird. Krankenhäuser behandeln Kranke, Schulen
erziehen Kinder, Universitäten lehren und forschen – und Unternehmen produzieren Produkte und leisten Dienste. Während für viele Organisationstypen eine
bestimmte Form von Leistung gleichsam identitätsstiftend ist, gilt für Unternehmen,
dass sie je spezifische Leistungen erstellen und sich somit die konkrete Leistung
von Unternehmen zu Unternehmen unterscheidet (siehe dazu auch Kapitel 2.2).
Welche Produkte oder Dienstleistungen also im Einzelfall konkret erstellt werden,
ist zunächst offen. Die Herstellung von Autos oder Kühlschränken, das Designen
von Finanzprodukten oder die Beratung anderer Unternehmen und vieles Weitere
zählt empirisch zu dem, was Unternehmen auf ihre Absatzchancen hin testen. Bei
allen Unterschieden vereint diese Leistungen doch, dass sie dem Unternehmen
Orientierung bieten und ein hohes Maß an Fokussierung ermöglichen. In diesem
Sinne fungieren die Leistungen als jene ‚Scheuklappen' des Unternehmens, die für
Zwecke charakteristisch sind.

Eine Besonderheit mit Blick auf Unternehmen ist die enge Kopplung von Leistungserstellung und Geldbeschaffung: Unternehmen *produzieren* nicht einfach
nur Produkte, sie refinanzieren sich auch noch durch den *Verkauf* der von ihnen
selbst erstellten Leistungen. Für Unternehmen ist es daher von unmittelbarer
Bedeutung, dass die von ihnen erstellten Leistungen in der Umwelt geschätzt
werden und sie dementsprechend Geldzahlungen motivieren können (Luhmann
1977: 214; Kieserling 2015: 422). Schulen verkaufen ebenso wenig ihre Abschluss-
zeugnisse wie dies für die Protestaktionen von Nichtregierungsorganisationen
gilt. Und niemand käme auf die Idee, den Zweck eines Fußballvereins darin zu
sehen, Mitgliedsbeiträge einzunehmen, oder den Zweck von *Amnesty International*
im Sammeln von Spendenmitteln zu vermuten. Und auch wenn es zunehmend
schwerer fällt, sich des Eindrucks zu erwehren: Dass Universitäten ihren Zweck
in der Einwerbung von Drittmitteln finden, würde wohl kaum jemand ernsthaft
behaupten wollen.

Stattdessen erscheint es wesentlich plausibler, all diese Phänomene als unterschiedliche *Formen der Refinanzierung* – also der Geldbeschaffung – zu verstehen. Und genau in diesem Problemkreis der Refinanzierung wollen wir im Folgenden auch die Erwirtschaftung von Profiten verorten. Dabei gilt es zunächst einen genaueren Blick auf mögliche Formen der Geldbeschaffung zu werfen, um davon ausgehend die Frage nach dem Profit neu stellen und Folgeprobleme in den Blick bekommen zu können.

Wie können sich Organisationen Geld beschaffen? Die vier Formen der Refinanzierung

Organisationen kosten Geld! Sei es zur Motivierung von Mitgliedschaften – und damit zur Einrichtung eines Dauerbetriebs; zur Unterhaltung von Räumlichkeiten – und damit zur Ermöglichung von Adressierbarkeit; zur Deckung von Kommunikationskosten – und damit zur Herstellung kommunikativer Sichtbarkeit; oder zur Verfolgung von Zwecken. Immer fällt in Organisationen ein Bedarf an Geld an, der irgendwie gedeckt werden muss. Insofern handelt es sich bei der Refinanzierung um ein ubiquitäres Problem *aller* Organisationen (Kohl 2014: 494f.). Refinanzierung ist aber nicht allein ein Problem, das alle Organisationen betrifft, es ist zudem ein Problem, das jede Organisation *wiederkehrend* betrifft. Da Organisationen laufend Geldzahlungen tätigen müssen (etwa für Gehälter, Mieten, Investitionen, Kampagnen, etc.), lässt sich das Problem der Geldbeschaffung nicht abschließend lösen. Vielmehr tritt das Problem der *Refinanzierung als Dauerproblem* auf, das kontinuierlich bearbeitet werden muss.

Nimmt man das Problem der Refinanzierung als eigenständiges Problem ernst, so lohnt ein genauerer Blick auf unterschiedliche Formen der Refinanzierung. Grundsätzlich stehen Organisationen vier Grundformen der Geldbeschaffung zur Verfügung: Zwangsabgaben; Alimentierung durch die eigenen Mitglieder; Alimentierung durch die externe Umwelt sowie die Refinanzierung aus dem Verkauf selbsterstellter Leistungen (ähnlich Kohl 2014: 246). Letztere ist für Unternehmen typisch – und folgenreich. Wir wenden uns jedoch zunächst den anderen drei Formen zu, bevor in den weiteren Abschnitten ausführlich die Folgen der Eigenfinanzierung diskutiert werden. Hierüber lässt sich in einem zweiten Schritt auch der Frage nach den Profitnotwendigkeiten von Unternehmen auf die Spur kommen.

Zwangsabgaben: Steuern und Schutzgelder

Eine auf den ersten Blick weitestgehend problemlastet erscheinende Variante ist die Refinanzierung von Organisationen über Zwangsabgaben. Das empirisch augenfälligste Beispiel hierfür ist der Staat. Die Finanzierung des Staates beruht darauf, Steuern zu erheben. Aber es finden sich weitere, wenngleich weniger prominente Beispiele. Man denke nur an mafiöse Vereinigungen, deren Tätigkeitsfeld auch die Erpressung von Schutzgeldern umfasst, oder etwa an manche Sekten, die häufig ebenfalls unter Ausübung von – wenngleich subtilerem – Druck beträchtliche Zahlungen ihrer Mitglieder mobilisieren können.

Die Aussicht, Geld auch gegen den Willen der Geldgeber akquirieren zu können, erscheint zunächst tatsächlich als eine äußerst attraktive Option für Organisationen. Um Geld, so könnte man meinen, müssen sich diese Organisationen jedenfalls keine ‚Gedanken' machen. In Teilen – und zumal verglichen mit den weiter unten zu diskutierenden Alternativen – ist diese Einschätzung sicher auch richtig. Man wird aber auch sehen müssen, dass die erfolgreiche Erhebung von Zwangsabgaben an Voraussetzungen gebunden ist, die ihrerseits organisiert werden müssen.

Zum ersten betrifft dies *Legitimationsprobleme*. Grundsätzlich zeigt sich der Zwangscharakter von Zwangsabgaben natürlich darin, dass bei ausbleibenden Zahlungen die Anwendung von Gewalt droht. Mit Blick auf Mafias ist dies evident. Aber auch die Erhebung von Steuern verweist in letzter Konsequenz auf die Möglichkeiten staatlicher Gewalt. Wer nicht zahlt oder wer zu wenig zahlt, setzt sich dem Risiko einer Haftstrafe aus. Häufig ist die faktische Möglichkeit, Gewalt auszuüben, jedoch nicht hinreichend, um Zwangsabgaben zu erheben. Vielmehr erzeugt die Anwendung oder Inaussichtstellung von Gewalt Legitimationsbedarf. Während Mafias dieses Problem weitgehend ignorieren, oder sich allenfalls noch gegenüber konkurrierenden kriminellen Organisationen mit Blick auf Territorialansprüche behaupten müssen, können sich demokratisch verfasste Staaten von diesem Problem kaum distanzieren. Die Grundlegitimation ist im Falle des „Steuerstaats" (Schumpeter 1953) rechtlich – durch die Verfassung und die eigentliche Steuergesetzgebung – gestützt. Dass jenseits formal-rechtlicher Möglichkeiten ein zusätzlicher Legitimationsbedarf besteht, lässt sich jedoch im Rahmen politischer Debatten um Steuererhöhungen besichtigen, in denen alle möglichen Begründungen für entsprechende Erhöhungen erprobt und ins Feld geführt werden. Wenngleich also das Steuerprinzip von Legitimationsproblemen weitestgehend entlastet ist, bieten Steuererhöhungen und größere -reformen (oder deren Ankündigung) immer wieder Anlass für Legitimationskämpfe.

Darüber hinaus haben Organisationen, die sich über Zwangsabgaben finanzieren, kontinuierlich *Kontroll- und Durchsetzungsprobleme* zu bearbeiten. Der legitime Zwang zur Zahlung sichert noch nicht die Zahlung selbst. Alle Diskussionen um Steuerflucht und Steuerhinterziehung verweisen letztlich auf die grundsätzliche Option der Steuerpflichtigen, sich den Zahlungen zu entziehen – sei es durch eine geschickte Wahl des Wohnsitzes oder durch falsche bzw. unvollständige Angaben.

Als Reaktion auf dieses Problem entwickeln Staaten regelmäßig eine ausgeprägte Bürokratie, die sich sowohl auf das Erfassen und Berechnen der Steuerschuld konzentriert, wie auch mit Ermittlungstätigkeiten beschäftigt ist. Und auch für Mafias gilt, dass entsprechende Ansprüche auf Zwangszahlungen regelmäßig erneuert und durchgesetzt werden müssen.

Wenngleich also auch die organisationale Refinanzierung über Zwangsabgaben nicht gänzlich entproblematisiert ist, so nimmt das Refinanzierungsproblem doch im Wesentlichen den Charakter eines Verwaltungsproblems an: Wer Steuern erhebt, wird sich um eine Buchführung kümmern müssen, um individuelle Pflichten feststellen und Abweichler identifizieren zu können. Letztlich gilt dieses Problem, ebenso wie das Durchsetzungsproblem, für alle Formen der Refinanzierung. Auch Rechnungen werden nicht selbstverständlich bezahlt, was schon daran abzulesen ist, dass sich – wie im Falle der Inkassobüros – mit dem Eintreiben von offenen Forderungen seinerseits Geld verdienen lässt. Insofern ist die Refinanzierung über Zwangsabgaben zwar nicht von allen Problemen entlastet, sie ist aber auf jene Probleme reduziert, die im Zusammenhang mit der Adressierung von Zahlungsansprüchen ohnehin unvermeidbar sind. Empirisch besehen handelt es sich bei dieser Form allerdings um eine Ausnahme, die sich auf den Staat und illegale Organisationen beschränkt. Für Unternehmen – das werden wir im Weiteren noch sehen – ist dies jedenfalls keine Option. Oder anders herum: Es erscheint nicht sinnvoll, Organisationen, die Zwangsabgaben durchsetzen können, in einem organisationswissenschaftlichen Sinne als Unternehmen zu analysieren.

Alimentierung durch die eigenen Mitglieder: Mitgliedsbeiträge

Eine zweite – durchaus verbreitete – Form der Refinanzierung von Organisationen besteht in der Alimentierung durch die Organisationsmitglieder, also durch das Erheben von Mitgliedschaftsbeiträgen. Diesen Organisationen gelingt es zumeist aufgrund attraktiver Zwecke, besonders attraktiver Handlungsangebote oder dem schlichten ‚Herstellen‘ von Sozialität (vgl. Kühl 2011: 37-45), ihre Mitglieder zu Geldzahlungen zu motivieren. Typisch ist diese Form der Refinanzierung für freiwillige Vereinigungen oder Interessenorganisationen, die zwar ab einer gewissen Größe häufig auch hauptamtliche Stellen einrichten, zumeist aber auch dann noch an einer breiten Mitgliederbasis und dem Erheben von Mitgliedsbeiträgen festhalten. Die Bandbreite an Beispielen ist groß: Fußballvereine und Kegelclubs zählen ebenso dazu wie Gewerkschaften, Kirchen oder Sekten, wobei letztere sich an der Grenze zu Zwangsabgaben bewegen mögen.

Neben der Tatsache, dass freiwillige Vereinigungen und Interessenorganisationen ‚von unten‘, also von den Mitgliedern selbst gegründet werden, bringt vor allem die spezifische Refinanzierungsform einige Folgen mit sich. Dies betrifft insbesondere die Notwendigkeit zu einer besonderen Rücksichtnahme auf die Mitgliederinteressen, welcher oftmals durch eine demokratische Entscheidungsstruktur Rechnung getragen wird. Entsprechende Organisationen können sich kaum von den Motiven und Interessen ihrer Mitglieder emanzipieren, so dass sie weder Zweckwechsel noch sonstige grundlegende Entscheidungen gegen ihre Mitglieder durchsetzen können (Horch 1985; Schimank 2002). Folglich bleiben Organisationen, die sich über Mitgliedsbeiträge finanzieren, immer stark an Personen orientiert. Dementsprechend liefert in diesen Fällen auch eher der Wechsel von Personen den Hauptimpuls für einen Organisationswandel, wohingegen formalisierte Entscheidungen eine eher nachgeordnete Rolle für Innovationen spielen. Organisationen, die auf eine Alimentierung durch ihre Mitglieder angewiesen sind, weisen also ein hohes Maß an Binnenorientierung auf, das sie gegenüber den sonstigen Turbulenzen der Umwelt relativ robust macht.

Damit wird deutlich, was alltagsweltlich ohnehin schon klar ist: Unternehmen können sich nicht über Mitgliedsbeiträge finanzieren. Vielmehr läuft der Geldfluss im Unternehmen gerade in entgegengesetzter Richtung – von der Organisation an die Mitglieder. Weder können Unternehmen es sich angesichts turbulenter Marktentwicklungen erlauben, die relative Langsamkeit demokratischer Entscheidungsprozesse in Kauf zu nehmen, noch können sie attraktive Handlungen oder ‚beliebte‘ Zwecksetzungen garantieren. Eher ist es genau umgekehrt, dass Unternehmen sich von den Motiven ihrer Mitglieder durch Geldzahlungen unabhängig machen, um jene Freiheitsgrade und Flexibilitäten zu gewinnen, die erforderlich sind, damit Unternehmensentscheidungen primär an externen Erfordernissen orientiert werden können. Dieses in der Literatur unter dem Stichwort „Zweck-Motiv-Trennung" diskutierte Prinzip ermöglicht es Unternehmen dann, ohne Rücksicht auf ihre Mitglieder Entscheidungen über das Leistungsportfolio, Stellenzuschnitte und -besetzungen, Kompetenzverteilungen und vieles Weitere zu treffen (Luhmann 1964: 89-108).

Alimentierung durch die externe Umwelt: Spenden, Subventionen, Zuwendungen

Eine weitere, ebenfalls verbreitete Form der Refinanzierung von Organisationen ist die Alimentierung durch die externe Umwelt. Zu denken ist dabei an Spenden, aber auch an Subventionen und andere Formen externer Förderung. Im Prinzip können alle Organisationstypen mehr oder weniger in Alimentierungsverhältnisse mit ihrer externen Umwelt geraten. Universitäten können sich zusätzlich zu ihrer staatlichen Regelfinanzierung über Exzellenzwettbewerbe und sonstige Drittmittelprogramme (teil-)refinanzieren und Fußballvereine mögen bei entsprechendem Erfolg oder lokalem Commitment Sponsoren für sich gewinnen können. Insbesondere ist aber auch an solche Organisationen zu denken, die sich über Spenden refinanzieren. Dies trifft auf praktisch alle so genannten Nichtregierungsorganisationen (NGOs) zu, also jene Organisationen, die sich jenseits der Parteiendemokratie für politische oder karitative Ziele einsetzen – sei es für die Verbesserung von Arbeitsbedingungen in der Textilindustrie, die Umsetzung der Menschenrechte, die Stärkung des so genannten fairen Handels, die Propagierung von Tierrechten oder den Umweltschutz im weiteren Sinne.

Ähnlich wie die Alimentierung durch die interne Umwelt Organisationen eine gewisse Sensibilität für die Belange und Präferenzen ihrer Mitglieder abverlangt, können Organisationen, die auf eine Alimentierung durch ihre externe Umwelt bauen, sich kaum von den Erwartungen und Ansprüchen ihrer – aktuellen oder auch nur potentiellen – Geldgeber distanzieren. Diese Abhängigkeit von externen Geldgebern führt dazu, dass die entsprechenden Organisationen in ihrer Autonomie direkt oder indirekt beschnitten sind und Kontrollkompetenzen an ihre Geldgeber übertragen bzw. an diese verlieren (Pfeffer und Salancik 2003 [1978]).

Am Beispiel der NGOs lässt sich dies leicht nachvollziehen. NGOs operieren sehr häufig kampagnenförmig. Das heißt, es wird versucht, durch punktuelle oder länger angelegte Aktionen (etwa die Plakatierung eines Atomkraftwerkes, das Kreuzen von Walfangschiffen oder die Versendung von Informationsbroschüren) massenmediale und politische Aufmerksamkeit für die jeweiligen Themen zu erzielen. Diese Kampagnen und mithin die darüber erreichte öffentliche Aufmerksamkeit kosten einerseits Geld und sie sind andererseits die Begründungsreferenzen für das Einwerben von Spenden. Unter Druck geraten NGOs jedoch insofern, als dass die Organisation von Kampagnen (Verwaltung) und das Einwerben von Spenden (Marketing) ihrerseits Geld kosten. Die geringe Legitimation für solche Verwaltungs- und Marketingausgaben nötigt den entsprechenden Organisationen dann besondere Rücksichtnahmen gegenüber den Spendern ab, die entweder in einer starken Begrenzung von Verwaltungs- und Marketingaufwendungen oder in besonderen Bemühungen um die Verschleierung von entsprechenden Ausgaben Ausdruck finden – und dies jeweils mit entsprechenden Folgen.

Die Einflussnahme von Spendern auf Organisationen wird allenfalls indirekt sein. Dies weil einerseits die Motive der Spender und ihre jeweiligen Toleranzzonen für die organisationale Verwendung der Mittel vermutlich stark variieren. Hinzu kommt andererseits, dass die Präferenzen der Spender für die jeweiligen Organisationen intransparent sind und sie allenfalls seitens der Organisation antizipiert und unterstellt werden können. Demgegenüber sind andere Formen externer Zuwendung mit direkterer – wenngleich ebenfalls nicht unmittelbarer – Einflussnahme verbunden. So mag etwa die Bewilligung öffentlicher Fördergelder klare Bedingungen benennen, unter denen die Förderung erfolgt. Diese können dann sowohl die Organisationszwecke betreffen (wenn z. B. Fragestellungen von Forschungsprojekten im Sinne einer Auftragsforschung festgelegt werden) wie auch die Entscheidungsprozesse oder die Stellenstruktur der Organisation (wenn z. B. spezifische Verfahren der Dokumentation und Rechenschaft Bedingung der Förderung sind).

Die Alimentierung durch die externe Umwelt bedeutet für Organisationen also immer auch Einbußen in der eigenen Entscheidungsautonomie. Insofern diese Autonomiebeschneidungen aber zur Bearbeitung des Refinanzierungsproblems beitragen, mögen sie funktional und unproblematisch erscheinen. Die weitaus größere Herausforderung liegt daher auch eher in relativ kurzen Planbarkeitshorizonten und der damit einhergehenden Unsicherheit bzgl. der *zukünftigen* Alimentierungsbereitschaft. Das öffentliche Interesse an Umweltschutzthemen mag schon bald durch Menschenrechtsthemen verdrängt werden – mit unabsehbaren Folgen für die Entwicklung des Spendenniveaus der Umweltschutzorganisationen. Und Förderprogramme sind in aller Regel befristet, erfordern also Verlängerungs- oder Neu-Anträge, womit sich für die Förderphasen zwar eine finanzielle Sicherheit ergibt, jedoch um den Preis, in gewissen Zyklen dem Risiko der auslaufenden oder abgelehnten Förderung aufs Neue ausgesetzt zu sein.

Refinanzierung aus dem Verkauf selbsterstellter Leistungen: Eigenfinanzierung

Blicken wir auf die ersten drei diskutierten Varianten der Refinanzierung von Organisationen zurück, so fällt auf, dass keine dieser Refinanzierungsformen für Unternehmen passt. Weder machen Unternehmen von Zwang Gebrauch, um sich zu refinanzieren, noch können sie auf Zuwendungen durch ihre Mitglieder und externe Unterstützer rechnen. Am ehesten mag noch die externe Alimentierung auch im Kontext von Unternehmen verbreitet und mithin vertraut erscheinen. Tatsächlich kommen Subventionen und bisweilen auch ‚Rettungspakete' als politisch konditionierte Geldzahlungen an Unternehmen empirisch regelmäßig vor. Schon auf den zweiten Blick zeigt sich allerdings, dass lediglich die *Möglichkeit* dieser externen Alimentierung, nicht jedoch die konkrete Versorgungsbeziehung selbst institutionalisiert ist. Wenngleich also Subventionen *auch* vorkommen, lässt sich ein Verständnis der Problemdynamik des Unternehmens nur über die für diesen Organisationstyp tatsächlich typische Refinanzierungsform gewinnen: Die Refinanzierung aus dem Verkauf selbsterstellter Leistungen.

Diese Refinanzierung aus dem Verkauf selbsterstellter Leistungen verweist vor allem auf *Unsicherheiten bezüglich der Abnahmebereitschaft seitens der Umwelt*. Die Produktion von Autos oder Kühlschränken stellt nicht auch schon deren Verkauf sicher. Diese Unsicherheit ist mit Blick auf neu entwickelte Produkte oder

Dienstleistungen evident. Sie gilt aber auch hinsichtlich gegenwärtig erfolgreicher Produkte, wenn man sich vor Augen führt, dass die Nachfrage *zukünftig* sinken mag. Wo also Schulen, Gerichte, Verwaltungen oder Universitäten staatlich alimentiert werden, Sozialdienste in kirchlicher Trägerschaft auf entsprechende Mittelzuweisungen durch die Kirche zählen und Sportvereine mit Beiträgen ihrer Mitglieder kalkulieren können, klafft in Unternehmen eine Leerstelle. Sie sind von jeder Form der institutionalisierten Ressourcenzufuhr abgeschnitten. Die so genannte Privatisierung ehemals großer Staatskonzerne wie z. B. der Deutschen Post, der Deutschen Bahn oder der Deutschen Telekom ist auch deswegen so problematisch verlaufen, weil nicht allein – wie der Begriff ,Privatisierung' andeutet – der Eigentümer wechselte. Vielmehr entfielen auch etablierte Alimentierungsverhältnisse, so dass die betroffenen Organisationen überhaupt erst zu Unternehmen werden mussten.

Aus dieser unternehmerischen Alleinzuständigkeit für ihre Refinanzierung ergeben sich eine Reihe von Folgen, die letztlich darauf zurückzuführen sind, dass die kontinuierliche Wiederherstellung eigener Zahlungsfähigkeit ausschließlich über die Abgabe selbst erstellter Leistungen erfolgen kann. Das Kernproblem in diesem Zusammenhang besteht in einer konstitutiven Unsicherheit, mit der die Refinanzierung aus der eigenen Leistungserstellung untrennbar verbunden ist. Ihren Ursachen und Folgen gehört die Aufmerksamkeit der weiteren Abschnitte dieses Kapitels.

Implikationen der Eigenfinanzierung: Flexibilitätserfordernisse angesichts von Unsicherheiten

Die bloße Feststellung, dass Unternehmen sich selbst zu finanzieren haben, ist für sich genommen noch wenig informativ. Organisationswissenschaftlich gehaltvoll lässt sich diese Einsicht allerdings wenden, wenn wir uns die Implikationen dieser Eigenfinanzierung vor Augen führen. Was bedeutet es für eine Organisation, wenn sie sich selbst zu finanzieren hat? Welche Probleme entstehen ihr dadurch, von welchen ist sie möglicherweise aber auch entlastet? Kurzum: welche unternehmensbezogenen Strukturprobleme werden durch die spezifische Form der Eigenrefinanzierung gelöst und von welchen Problemen wird ein Unternehmen kaum absehen können, worin liegt mithin die ,Aufdringlichkeit' dieser Probleme begründet?

Das Kardinalproblem: Die Unsicherheit der Leistungsabnahme

Eines der fundamentalen Probleme im Zusammenhang mit der Eigenfinanzierung besteht darin, dass die Abnahme der erstellten Leistungen stets unsicher ist. Unternehmen haben ständig das Problem, Produkte oder Dienstleistungen produzieren und anbieten zu müssen, von denen im Vorfeld unklar ist, ob und wie viele Käufer sich dafür finden lassen. Dies gilt natürlich immer für die Einführung völlig neuartiger, quasi-revolutionärer Produkte, die bisweilen zur Etablierung einer ganz neuen Produkt- oder Marktkategorie (Aspers 2015: 94) bzw. eines neuen „Produktgenres" (Bühler und Werron 2014: 285) führen, oder die verschiedene Kategorien ‚überbrücken' (Hsu et al. 2009). Eines der prominentesten Beispiele aus dem Beginn des 21. Jahrhunderts dürfte wohl Apple sein. Das Unternehmen hat mit der (erfolgreichen) Markteinführung des ersten iPhone-Modells im Jahre 2007 ebenso wie mit dem ersten iPad-Modell im Jahre 2010 die Produktkategorien des ‚Smartphones' und des ‚Tablet-Computers' erst geschaffen – wenngleich ähnliche Produktansätze bereits früher zu finden sind, ohne allerdings einen relevanten Markterfolg aufweisen zu können. Dass ein solcher Erfolg nicht selbstverständlich ist, sondern die Einführung neuer Technologien bzw. Produkte auch scheitern kann, zeigt ein Blick in die Technikgeschichte (siehe Bauer 2006).

Aber nicht nur für gänzlich neue Produktkategorien, auch für neue Produkte innerhalb etablierter Produktkategorien und selbst mit Blick auf konkrete etablierte Produkte gilt, dass unsicher ist, inwiefern sich ein erfolgreicher Absatz in der Vergangenheit und Gegenwart auch in die Zukunft verlängern lässt. Nostalgische Anekdoten über vergangene Verwendungsgewohnheiten und -schwierigkeiten verweisen zugleich auf solche Produkte, auf die sich kaum noch eine Eigenfinanzierung stützen kann. So lässt sich zwar nach einer Phase der Verdrängung durch die CD mit Vinyl-Schallplatten mittlerweile wieder Geld verdienen, kaum jedoch mit Audio-Kassetten und möglicherweise auch mit CDs nicht mehr sehr lang.

Dimensionen der Unsicherheit: Qualitäten und Preise

Im Kern verweist die grundlegende Unsicherheit bezüglich der Abnahmebereitschaft von Unternehmensleistungen auf die Frage: *Was lässt sich zu welchem Preis verkaufen?* Angesprochen sind mit dieser Frage zwei zentrale Dimensionen der Unsicherheit: (1) die Qualität und (2) der Preis von Produkten und Dienstleistungen.

Während der *Preis* zum einen auf das naheliegende, aber bisweilen übersehene Problem der *Entscheidung* über einen konkreten Verkaufspreis anspielt, verweist er zum anderen auf die Kostenseite der Leistungserstellung. Produkte und Dienstleistungen zu nicht kostendeckenden Preisen anzubieten, mag man sich kurzfristig aber sicher nicht dauerhaft leisten können. Die Chancen, Preise senken zu können, hängen daher auch von den Kosten und damit von der Effizienz der Produktfertigung ab. Umgekehrt mögen Preise weit oberhalb der eigentlichen Kosten vor allem dort Akzeptanz finden, wo Produkte bzw. Marken mit entsprechendem Prestige aufgeladen sind – also auf so genannten Statusmärkten (Podolny 1993: 837; Aspers 2015).

Die *Qualitätsdimension* verweist auf dreierlei. Zum ersten – und ganz basal – lässt sich die Entscheidung für ein bestimmtes *Leistungsspektrum*, also ein konkretes Produkt-/Dienstleistungsportfolio, der Qualitätsdimension zurechnen. Bestimmte Produkte haben – das wurde oben bereits deutlich – ganz unabhängig von ihren sonstigen Leistungsmerkmalen größere oder geringere Absatzchancen (man denke an die Audio- oder die VHS-Kassette). Zweitens ist die *Wertigkeit* des Produkts ein wichtiger Aspekt. Hiermit sind jene sonstigen Leistungsmerkmale angesprochen, die ein konkretes Produkt von im Prinzip äquivalenten Produkten anderer Unternehmen unterscheiden können: höherwertige Materialien, stabilere Verarbeitungen, längere Haltbarkeiten, oder gründlichere Ausführungen von Dienstleistungen, um nur ein paar wenige zu nennen. In all diesen Hinsichten können sich Produkte (und Dienstleistungen) unterscheiden, ohne dass die Erfüllung der Kernfunktion, durch sie beeinträchtigt oder gesteigert wäre. Auch Autos, die ohne Holz- und Lederelemente im Innenraum auskommen, sind in der Regel fahrtüchtig – und wo sie es nicht sind, liegt dies nicht an dem im Innenraum verbauten Kunststoff. Der dritte Aspekt, der unter der Qualitätsdimension von Bedeutung ist, betrifft weniger die Leistungsfähigkeit von Produkten, als vielmehr deren *Produktionsprozess*. Verwiesen ist damit letztlich auf das Unternehmen selbst. Zu denken ist in dieser Hinsicht etwa an Fragen der Nachhaltigkeit, des Umweltschutzes oder der Sozialverträglichkeit (z. B. Fair Trade oder Vermeidung von Kinderarbeit), die mehr über das jeweilige Unternehmen als über das Produkt verraten. Gleichwohl werden sie von ,politischen Konsumenten' (vgl. z. B. Lamla und Neckel 2006) als sekundäre Produkteigenschaften verstanden und in Rechnung gestellt. Funktionalität, sonstige Leistungsmerkmale und die Reflexion moralischer Werte stellen also jene Produkteigenschaften dar, die unter Qualitätsgesichtspunkten einen Einfluss auf die Leistungsabnahmebereitschaft in der Umwelt der Unternehmensorganisationen haben können und die zugleich zentrale Bezugspunkte von unternehmerischen Entscheidungen sind.

Konkurrenz auf dem Markt als Problemverschärfer und Orientierungshilfe

Schon die Unsicherheit über die Präferenzen und Abnahmebereitschaften der Konsumenten als solche ist für Unternehmen problematisch. Diese verweist aber zunächst nur darauf, dass unklar ist, für welche Leistungen überhaupt mit einer Abnahmebereitschaft in der Umwelt gerechnet werden kann. Abermals verschärft wird das Problem jedoch durch die Tatsache, dass Unternehmen ihre Leistungen typischerweise auf Märkten anbieten. Das heißt: in der Umwelt von Unternehmen finden sich regelmäßig andere Unternehmen, die gleiche oder doch äquivalente Leistungen bereitstellen. Dem Problem von Unternehmen, Leistungen anzubieten, die möglicherweise nicht auf ein hinreichendes Interesse von Konsumenten treffen, tritt damit das Problem zur Seite, dass es Konkurrenten gibt und Konsumenten Alternativen haben. Selbst dort also, wo Unternehmen ein im Prinzip attraktives Produkt anbieten, befinden sie sich in Konkurrenz zu anderen Unternehmen. Diese Konkurrenz zwischen Unternehmen wird typischerweise über Preis- und/ oder Qualitätsvergleiche gesteuert (White 1981).

Einerseits wirkt diese Konkurrenzsituation insofern problemverschärfend, als konkrete Unternehmen mit ihren Produkten selbst dann scheitern können, wenn diese nachgefragte Funktionalitäten aufweisen; dann nämlich, wenn die Produkte der Konkurrenz in ihren konkreten Leistungsmerkmalen, den Produktionsbedingungen oder hinsichtlich des Preises attraktiver erscheinen. Andererseits liegt in der Konkurrenz doch auch eine Chance auf Orientierung für Unternehmen. Schließlich lässt sich der Erfolg der Konkurrenz beobachten und deuten, so dass sich Anhaltspunkte für Entscheidungen bzgl. zukünftiger eigener Strategien gewinnen lassen. Unternehmen machen davon rege Gebrauch. Marktanalysen, die über Marktanteile informieren; Messen, auf denen Unternehmen sich und ihre Produkte einerseits präsentieren, andererseits aber auch die Präsentationen der Konkurrenz zur Kenntnis nehmen können, um Trends zu entdecken oder ebendiese zu behaupten; aber auch die Auswertung der Wirtschaftsberichterstattung, in der Begründungsnarrative für den Erfolg des einen und den Misserfolg des anderen Unternehmens angefertigt werden, sind ebenso Beispiele für solche Formen wechselseitiger Orientierung wie Konzepte des Benchmarking oder ‚best practice'-Analysen (z. B. Strang und Macy 2001; Kette und Tacke 2017).

Der ambivalente Ausweg: Innovationen und Flexibilitätsdruck

Ungeachtet all der über wechselseitige Beobachtungen zu gewinnenden Orientierungschancen bleibt das Problem der Leistungsabgabe dennoch bestehen. Und preis- und qualitätsbezogene Entscheidungen sind die zentralen Interventionspunkte von Unternehmen, um ihre Marktposition zu verbessern. Sowohl die Unsicherheit bezüglich der morgigen Abnahmebereitschaft heute nachgefragter Leistungen als auch die Qualitäts- und Preiskonkurrenz zu anderen Unternehmen führen dazu, dass Unternehmen um Innovationschancen bemüht sind – sei es, um das Leistungsspektrum anzupassen (Qualität) oder die Produktivität zu steigern (Preise).

Wem es gelingt, effizientere Fertigungsverfahren zu entwickeln, der kann die Kosten und damit letztlich auch die Preise senken; und wer robustere, schönere oder praktischere Versionen eines bereits etablierten Produkts entwickelt, darf auf gesteigerte Absatzzahlen hoffen. Da dies jedoch für alle Unternehmen, also auch für die Konkurrenz gilt, besteht für Unternehmen ein Innovationsdruck, um nicht ‚abgehängt' zu werden.

Auf der anderen Seite sind Innovationen selbst nicht gänzlich unproblematisch. So mögen Innovationen – insbesondere radikale Innovationen – auch fehlschlagen. Der Bedarf an Produkten, die es vormals noch gar nicht gab, erschließt sich für die Konsumenten möglicherweise nicht in gleichem Maße, wie er den Produktentwicklern offensichtlich erscheinen mag. So wohnt grundlegenden Innovationen zwar eine erhebliche Chance inne, aber eben auch das Risiko, gar keine (oder eine nicht hinreichend große) Nachfrage zu finden. Hinzu kommt, dass im Erfolgsfalle die Konkurrenzunternehmen zwar mit Verzögerung, aber in Teilen – weil bestimmte Fehlschläge der Entwicklungsphase vermieden werden können – auch mit weniger Aufwand ein ähnliches Produkt anbieten können. Darin besteht das in der Literatur unter *first-mover-advantage* und *first-mover-risk* diskutierte Innovationsdilemma (Lieberman und Montgomery 1988).

Neben der prinzipiellen Scheiternsmöglichkeit eigener Innovationen ist für Unternehmen vor allem bedeutsam, dass die Innovationen der Konkurrenz erfolgreich sein könnten. Angesichts einer sich potentiell ständig wandelnden Marktumwelt stehen Unternehmen unter einem Flexibilitätsdruck, der sich in einer permanenten Habachtstellung äußert. Wie wenige andere Organisationstypen sind Unternehmen jenseits aller Management-Rhetorik darauf angewiesen, ihre Umwelt zu beobachten und sich selbst für Veränderungen ebendieser zu sensibilisieren. Für Organisationen ist dies insofern eine Zumutung, als sie im Grundsatz darauf angewiesen sind, von einer Reihe von Umweltänderungen abzusehen und mithin relative Stabilität zu gewinnen (Thompson 1967).

Wo jedoch der Organisationserfolg davon abhängt, permanent auf Umweltänderungen reagieren zu können, wird man sich eine derartige Abschottung nur leisten können, wenn sonstige Umstände die Folgen abmildern (z. B. im Falle eines Quasi-Monopols). Aber selbst dort, wo es Unternehmen gelingt, sich für entsprechende Veränderungen in der Umwelt zu sensibilisieren, ist dies zunächst nur eine Alarmanzeige, die geprüft und auf die dann gegebenenfalls reagiert werden muss, ohne dass damit allerdings schon klar wäre, wie im Einzelnen auf neue Produkte, sinkende Marktanteile, neue Geschäftsmodelle oder Fertigungsverfahren der Konkurrenz erfolgversprechend zu reagieren wäre.

Profite revisited: Von der Refinanzierungsnotwendigkeit zum Überfinanzierungsdruck

Wir haben nun einen Punkt in der Beschreibung und Analyse von Unternehmen erreicht, von dem aus wir uns die Frage, die am Anfang des Kapitels 2.1 stand, nochmals vorlegen können: Welche Bedeutung hat der Profit für Unternehmen, wenn es sich dabei nicht um den Zweck des Unternehmens handelt? Wir werden sehen, dass das unternehmerische Streben nach Profit ebenfalls eine Implikation der Eigenfinanzierung ist. Es sind also strukturelle Gründe identifizierbar, die eine Orientierung von Unternehmen an Profiten und Profitchancen konditionieren.

Refinanzierung versus Überfinanzierung

Bisher haben wir ganz allgemein vom Problem der Refinanzierung von Organisationen gesprochen und vier solcher Grundformen identifiziert. Refinanzierung bedeutet zunächst einmal lediglich, dass Kosten gedeckt werden müssen, bzw. dass nur jene Kosten getragen werden können, für die zuvor Geld eingenommen werden konnte. Solange sich eine Organisation allein aus Spendengeldern, Steuerzuteilungen oder Mitgliedschaftsbeiträgen refinanziert, ist dieser einfache Zusammenhang evident. Das Sommerfest des Sportvereins findet nur statt, wenn das Geld reicht, oder die Mitglieder einen Sonderbeitrag zu zahlen bereit sind; und die nächste Umweltschutzkampagne einer Nichtregierungsorganisation wird in ihrem Umfang nach dem verfügbaren Spendengeld projektiert, oder so lange verschoben, bis genügend Geld für die Kampagne beisammen ist. In diesen einfach gelagerten Fällen bestimmt das verfügbare Geld das Budget für die möglichen Ausgaben.

Im Falle der unternehmenstypischen Eigenfinanzierung entsteht jedoch ein Geldbedarf, der über die Deckung der unmittelbaren Kosten der Leistungserstellung hinausgeht. In diesem Sinne sind Unternehmen auf Profit – oder genauer gesagt: sie sind auf die überzeugende In-Aussicht-Stellung von Profitchancen – angewiesen. Die Gründe für diesen Überfinanzierungsdruck wurzeln in dem Umstand, dass Unternehmen bereits Geld benötigen, bevor sie es verdienen können – und dies ständig. Diese zeitlichen Probleme der Geldbeschaffung sind bereits in der Unternehmensgründung angelegt. Sie verschärfen sich jedoch angesichts der oben angesprochenen Innovationserfordernisse. Hinzu treten Renditeerwartungen der Eigentümer, mit denen sich Unternehmen regelmäßig konfrontiert sehen (Kohl 2014: 513f.).

Woher nehmen, wenn nicht stehlen? Der initiale Geldbedarf als Gründungsproblem des Unternehmens

Noch bevor das erste Auto gebaut, die erste Smartphone-Anwendung programmiert oder das erste Brot gebacken werden kann, benötigen Unternehmen Geld. Erstinvestitionen um Räumlichkeiten für Produktionsstätten anzumieten oder zu errichten, die Produktionsstätten mit Maschinen und Geräten auszustatten, für die Produktion benötigte Rohmaterialien einzukaufen oder um Personal einzustellen, sind unvermeidbar. Wo dieses Geld nicht aus den Spareinlagen des

Gründers bezogen werden kann, wird die zeitliche Ordnung von Geldeinnahmen und Geldausgaben zum Problem. Anstatt wie im Falle des Sparens erst Geld einzunehmen und es anschließend für eine Investition auszugeben, machen Unternehmen regelmäßig von der Möglichkeit Gebrauch, erst zu investieren und anschließend das Geld für diese Investition zu verdienen. Ermöglicht wird dies durch die Inanspruchnahme von Krediten (Kohl 2014: 507ff.). Kredite stellen für Unternehmen vor allem Zahlungsfähigkeit zu einem Zeitpunkt her, zu dem diese eigentlich nicht gegeben wäre (Baecker 1991: 61). Der Preis für diesen Zeitgewinn sind Zinszahlungen. Hieraus ergibt sich insofern ein Druck zur Überfinanzierung, als nun nicht nur das Geld für die eigentliche Investition, sondern auch noch für die Zinszahlungen durch den Verkauf erstellter Leistungen verdient werden muss.

Die Verstetigung des Überfinanzierungsdrucks: Produktionszyklen und Innovationen

Das Problem, Geld investieren zu müssen, bevor es aus Verkäufen erlöst werden konnte, stellt sich Unternehmen aber nicht nur in der Gründungsphase, sondern regelmäßig aufs Neue. Insbesondere solche Unternehmen, deren Leistungserstellung sehr kostenintensiv ist, sind mit dem oben geschilderten Problem der Initialfinanzierung mit jedem Produktionszyklus erneut konfrontiert. Wenngleich nicht in gleichem Ausmaß, mag die Beschaffung von Rohmaterialien bisweilen doch nur durch die abermalige Inanspruchnahme von neuen Krediten möglich sein.

Der noch gewichtigere Grund für die Verstetigung des Überfinanzierungsdrucks liegt aber in der Bedeutung von Innovationen für Unternehmen. Genauer gesagt: in der Investitionsabhängigkeit von Innovationschancen – Innovationen kosten Geld! Ganz gleich, ob es um die Verbesserung von Produkten, die Einführung gänzlich neuer Produkte bzw. Produktversionen (Steigerung der Qualität) oder um Effizienzsteigerungen in der Produktion (Reduktion von Kosten und Preisen) geht, regelmäßig geraten Unternehmen in Situationen, in denen Investitionen erforderlich werden. Dies kann die technische Modernisierung von Fertigungsanlagen ebenso betreffen wie die Anschaffung gänzlich neuer Maschinen, die Erweiterung von Büroräumlichkeiten oder Produktionsstätten und einiges mehr. Und auch eher symbolische und rationalitätsfernere Reformbemühungen, mit denen zwar möglicherweise Modernität demonstriert und Legitimität gewonnen werden kann, die ansonsten aber keinen unmittelbaren Beitrag zur Qualitäts- oder Effizienzsteigerung leisten, kosten Geld – und sei es nur für entsprechende Berater.

Ähnlich wie in den zuvor diskutierten Fällen liegt das Problem dieser Investitionsabhängigkeit von Innovationschancen ebenfalls darin, dass die Innovationen zu einem Zeitpunkt erforderlich werden, zu dem das Unternehmen von den mit ebendiesen Innovationen erhofften Effizienzgewinnen (oder dem Absatz der neuen Produkte) noch gar nicht profitieren *konnte*. Unternehmen müssen daher zusätzlich zur reinen Kostendeckung auch noch Gewinne erwirtschaften, um so über die Zeit Kapital aufbauen zu können, das sie dann entweder direkt investieren können, oder über das sie sich Zugang zu Krediten verschaffen können, mittels derer eine umso höhere Summe investiert werden kann.

Zusammengefasst erfordert der angesichts von Konkurrenz bestehende Flexibilitätsdruck also finanzielle Spielräume, um gegenwärtig jene Anpassungen vornehmen zu können, mittels derer der zukünftige Markterfolg gesichert werden soll. Und die Voraussetzung dafür ist eine Überfinanzierung – sei es um Rücklagen zu bilden, Kreditwürdigkeit signalisieren oder Zinszahlungen leisten zu können. Die Bedeutung dieser Signalwirkung plausibel in Aussicht gestellter Gewinne lässt sich an zwei Beispielen erläutern: Im ganz Kleinen zeigt sich die Relevanz der Gewinnaussicht bei jedem Versuch, eine erste Kreditfinanzierung für ein Geschäftsmodell zu bekommen – also bereits in der Phase der Unternehmensgründung. Die Vorlage eines Businessplans gehört zu den Eintrittsbedingungen für ein entsprechendes Gespräch mit der Bank. Und er dient selbstverständlich vor allem dazu, die Erfolgs- und das heißt: die Gewinnaussichten einschätzen zu können.

Aber auch im Großen finden sich entsprechende Beispiele. Insbesondere ist an das Rating von Unternehmen – sei es durch Rating-Agenturen oder durch Kreditinstitute – zu denken. Diese Ratings sollen der Idee nach die Bonität eines Unternehmens abbilden, also die Wahrscheinlichkeit, dass ein entsprechender Kredit auch zurückgezahlt werden kann. Je schlechter das Rating, je geringer also die eingeschätzte Rückzahlungswahrscheinlichkeit, desto höher fällt die von der Bank geforderte Risikoprämie (Zinssatz) aus und desto teurer wird mithin der Kredit für das Unternehmen (Kette 2017; Strulik 2008: 296ff.). Auch in diesem Fall dienen die komplizierten Algorithmen der Ratingagenturen letztlich dazu, die Erfolgsaussichten eines Unternehmens zu ermitteln, welche gleichwohl schon deshalb unsicher bleiben, weil man die Zukunft nicht kennen kann.

Spätestens das letzte Beispiel zeigt zudem deutlich, dass sich die Möglichkeiten der zeitlich vorgezogenen Investitionen und die Bedeutung (wenigstens gelingender Signalisierung) von erfolgreichen *Über*finanzierungen in einem Steigerungsverhältnis zueinander befinden. Schon deswegen drängt die Refinanzierungsform der Abgabe selbsterstellter Leistungen immer zur Überfinanzierung. Im Übrigen zeigt diese Geldabhängigkeit der Kreditwürdigkeit auch, dass es sich bei der Kreditfinanzierung (ähnlich wie bei der Selbst-Alimentierung aus den Zinserträgen eines Stiftungsvermögens) nicht um eine eigenständige, sondern vielmehr um eine abgeleitete oder sekundäre Refinanzierungsform handelt: Entweder musste es bereits in der Vergangenheit gelungen sein, Vermögen anzusammeln (wie im

Falle der Stiftungen), oder es muss die Aussicht auf zukünftige Geldeinnahmen überzeugend dargestellt werden. In beiden Fällen aber kommen (zukünftige oder vergangene) Geldeinnahmen aus anderen Quellen und mithin über eine der vier basalen Refinanzierungsformen, die oben diskutiert wurden.

Die Sonderumwelt ‚Eigentümer' und die Erwartung von Renditen

Neben den gerade geschilderten zeitlichen Implikationen des Flexibilitäts- und Innovationsdrucks von Unternehmen liegt eine weitere Ursache der Notwendigkeit zur Überfinanzierung in der Beziehung des Unternehmens zu seiner Sonderumwelt ‚Eigentümer'. Bereits die Tatsache, dass Unternehmen überhaupt Eigentümer haben, ist ein wichtiges Unterscheidungsmerkmal gegenüber anderen Organisationstypen (Blau und Scott 1962: 49ff.). Die Existenz des Eigentümers ist zudem eine zweite zentrale Ursache für den unternehmenstypischen Druck zur Erwirtschaftung von Profiten. Der Grund hierfür verweist ebenfalls auf Investitionen. Genauer gesagt, nimmt die Gründungsentscheidung von Unternehmen immer die Form einer Investition des Eigentümers an, die stets mit entsprechenden Renditeerwartungen gekoppelt ist. Für den Eigentümer ist das Unternehmen ein Instrument zur Geldvermehrung, und in der Unternehmensgründung fallen für ihn Risiko und Chance zusammen. Die Orientierung des Unternehmens am Eigentümer hat daher wichtige Implikationen, die sich historisch allerdings gewandelt haben.

Wie vor allem Alfred D. Chandler (1977) gezeigt hat, waren die meisten Unternehmen zu Beginn der US-amerikanischen Industrialisierung in den 1840er Jahren kleine Betriebe mit wenigen Dutzend Beschäftigten. In diesen frühen Unternehmen war zumeist der Eigentümer als Unternehmer auch die oberste Entscheidungsinstanz. Mit verbesserten Transport- und Kommunikationstechnologien (vor allem Eisenbahn, Dampfschifffahrt und Telegraphie) wuchsen auch die vormals kleinen Regionalmärkte zu Nationalmärkten zusammen. Entsprechend gesteigerte Absatzchancen und weiter verbesserte Produktionstechnologien führten zu einem raschen Unternehmenswachstum, in dessen Zusammenhang zunächst eine Differenzierung von ‚Eigentümer-Unternehmer' und ‚Manager' und später von ‚Unternehmen' und ‚Eigentümer' stattfand.

Die *Differenzierung von Unternehmer- und Managerrolle* verweist auf Kontroll- und Motivationsprobleme. Mit wachsenden Organisationen werden interne Differenzierungen und Grenzziehungen erforderlich, die zugleich Kontroll- und Koordinationsprobleme vervielfachen. Zur Bearbeitung dieser Probleme bildeten sich Managerrollen heraus, die zunächst jedoch vor allem als Vermittler zwischen der operativen Ebene einerseits und dem Unternehmer (Eigentümer) andererseits fungierten, wobei letzterer weiterhin an der Spitze der Entscheidungshierarchie stand (Chandler 1977: 3f.). Erst in einem zweiten Schritt ersetzten entsprechende

Managerrollen schließlich auch die vormalige eigentumsgebundene Unternehmensführung, so dass es zu einer *Differenzierung von Kapitalbesitz (Eigentümer) und Entscheidungsmacht (Manager)* kam (Chandler 1977: 8f.). Zwar finden sich offensichtlich auch gegenwärtig noch eigentümergeführte Unternehmen und Familienbetriebe, und auch schon vor 150 Jahren waren ‚Manager-Unternehmen‘ zu finden – vor allem sei an die großen Eisenbahngesellschaften in den USA gedacht (Chandler 1965). Gleichwohl hat das managergeführte Unternehmen erst nach dem Ende des Zweiten Weltkriegs erheblich an Bedeutung gewonnen.

Die Relevanz dieser Entwicklungen zeigt sich an den Strukturfolgen, die mit der Differenzierung von Eigentum und Management verbunden sind. Im Wesentlichen laufen sie auf eine *Depersonalisierung von Unternehmen* hinaus. Sobald die Unternehmensführung nicht mehr personell mit dem Eigentümer zusammenfällt, entlastet dies die Organisation von Problemen der Nachfolgeregelung. Unternehmern, die ‚ihr Unternehmen‘ als Eigentümer führen, stellt sich das Problem, einen Nachfolger – üblicherweise aus der eigenen Familie – zu rekrutieren. Der Kreis potentieller Kandidaten kann jedoch sehr klein oder arm an Talent sein, so dass entsprechende Organisationen typischerweise im Übergang von einer zur anderen (Führungs-) Generation unter Druck geraten (Wimmer und Gebauer 2004). Sobald aber die Unternehmensführung nicht mehr an die *Person* des Eigentümers, sondern an die *Rolle* des Managers gebunden ist, werden auch die Stellen der Unternehmensführung für Personalentscheidungen freigegeben. Entsprechende Rekrutierungsbemühungen können dann auf einen Spezialarbeitsmarkt zugreifen und sich so von familiären Bindungen emanzipieren. Kurz gesagt: Nachfolge*regelungen* werden abgelöst durch *Entscheidungen* über Stellenbesetzungen.

Mit der Differenzierung von Eigentümer und Unternehmensführung wird aber nicht allein der Manager austauschbar. Auch die Sozialposition des Eigentümers entkoppelt sich zunehmend von je konkreten Personen. Während im Falle des ‚Eigentümer-Unternehmers‘ die beiden Funktionen der Unternehmensführung und des Kapitaleinsatzes personell zusammenfallen, treten sie in Großunternehmen auseinander und werden je für sich variierbar. Auf der Eigentumsseite zeigt sich dies etwa an Unternehmensveräußerungen oder auch ihren nichtkooperativen Varianten, den so genannten ‚feindlichen Übernahmen‘, denen gelegentlich ‚Übernahmeschlachten‘ vorausgehen. Hinzu treten pazifizierte Formen des Aktienhandels, die eine verstetigte Form des Eigentümerwechsels darstellen.

Spätestens mit Blick auf die depersonalisierten Großunternehmen ist es nun auch unübersehbar, dass von den Eigentümern vor allem Renditeerwartungen adressiert werden. Unternehmen reflektieren diese Ansprüche, indem sie Wert auf ihren Shareholder-Value legen, also auf die Steigerung des Aktienkurses und damit auf die (potentielle) Rendite der Anteilseigner (Rappaport 1986). Auch Eigentümer sind somit keineswegs als Äquivalent zu den oben angesprochenen institutionalisierten Alimentierungsbeziehungen anderer Organisationstypen zu verstehen. Zwar fungieren Eigentümer durchaus als Kapitalgeber für Unternehmen. In der Regel sind die Eigentümer aber hinreichend distanziert, um solche Kapitaleinsätze als (renditeorientierte) Investitionen zu verstehen und dementsprechend das eigene Schicksal nicht mit dem des Unternehmens zu verwechseln.

Für das Unternehmen liegt das intrikate Problem der Regeneration von Zahlungsfähigkeit daher immer schon als Problem der Profiterwirtschaftung vor: *Refinanzierung durch Leistungsabgabe heißt Notwendigkeit zur Überfinanzierung!* Anderenfalls wären fortlaufend erforderliche Investitionen nicht möglich, und vor allem wären die Investitionen des Eigentümers bzw. der Aktionäre nicht rentabel und damit kaum zu motivieren. Die fortlaufende Enttäuschung dieser Renditeerwartungen würde zum Verlust des Eigentümers führen. In diesem Fall haben Unternehmen dann keine andere Wahl, als sich um einen neuen Eigentümer zu bemühen – und sei es die Manager (Management-Buy-out) oder die Angestellten (Employee-Buy-out) selbst.

Vor diesem Hintergrund wird auch deutlich, dass Unternehmen nur im Kapitalismus vorkommen. Zwar fand und findet die Erstellung und der Verkauf von Produkten und Dienstleistungen auch jenseits kapitalistischer Wirtschaftssysteme statt. Gerade mit Blick auf die Betriebe der sowjetischen Planwirtschaft fällt aber auf, dass ausbleibende Profite regelmäßig durch den Staat ausgeglichen wurden und sie daher von geringer Bedeutung waren (Berliner 1957: 57-61).

Fortbestand trotz ausbleibender Profite: Bedingungen der Verlusttoleranz von Unternehmen

Unternehmen, die keine Gewinne oder gar Verluste erwirtschaften und dennoch fortbestehen, finden sich aber nicht allein in der ehemaligen Sowjetunion, sondern regelmäßig auch in heutigen kapitalistischen Wirtschaftssystemen. Von Überfinanzierung kann in diesen Fällen offenkundig keine Rede sein. Dies hat die Frage provoziert, ob Profite für Unternehmen nicht vielleicht doch verzichtbar seien. Und tatsächlich ist zu klären, inwieweit sich diese Beobachtung mit unseren bisherigen Überlegungen in Einklang bringen lässt. Im Wesentlichen kommen hierfür zwei Erklärungen in Frage, die für je konkrete Fälle empirisch zu prüfen wären.

Die erste Möglichkeit besteht darin, dass Unternehmen zwar Verluste machen, sie aber von relevanten Teilen ihrer Umwelt weiterhin so behandelt werden, als würden sie Profite erwirtschaften können. In diesen Fällen gelingt es Unternehmen, für eine nicht näher bestimmte Zukunft Profite glaubhaft in Aussicht zu stellen (siehe für den Fall kapitalmarktorientierter Unternehmen: Kühl 2005). Unter dieser Voraussetzung bewahren sich Unternehmen den Zugang zu Kredit- und Kapitalmärkten. Die Investoren und Banken stellen dann Geld zur Verfügung in der Erwartung, dass es sich bei den Verlusten um eine zeitlich begrenzte Krise handelt, die Dinge aber wieder in Ordnung kommen und Zins- und Tilgungszahlungen getätigt sowie Renditen ausgeschüttet werden. Diese Erwartungen sichern dem Unternehmen seine gegenwärtige Liquidität: Die laufend anfallenden Rechnungen und Gehälter können bezahlt und die Produktion aufrechterhalten werden. Solche Fälle stehen ganz im Einklang mit unseren bisherigen Überlegungen, weil die betroffenen Unternehmen sich offenkundig vom Druck zur Überfinanzierung gerade nicht freimachen können. Auf der anderen Seite ist das Risiko, dass sich Investments nicht rentieren und Kredite ausfallen können, konstitutiv für jede Investitionsentscheidung.

Ein zweiter Grund, warum manche Unternehmen trotz Verlusten weiterhin bestehen, liegt in der schleichenden Umstellung der dominanten Refinanzierungsform. Dies ist immer dann zu sehen, wenn politische ,Rettungspakete' geschnürt werden, um den Fortbestand von in Not geratenen Unternehmen zu sichern. Die in Frage kommenden Maßnahmen sind vielfältig. Staaten können als Bürgen für Bankkredite oder selbst als Geldgeber auftreten. Faktisch handelt es sich dabei um Subventionierungsbeziehungen, die wir oben als ,Alimentierung aus der externen Umwelt' bezeichnet haben. Je nach konkretem Fall kann für solche Unternehmen das Problem der Profitabilität in den Hintergrund rücken oder durch andere Probleme ersetzt werden. Anstatt profitabel zu sein, gewinnt politisches Geschick an Bedeutung, weil die Refinanzierungschancen dieser Organisationen vor allem davon abhängen, wie gut es ihnen gelingt, ihre eigene Unverzichtbarkeit im politischen Diskurs zu begründen – sei es durch Verweis auf die von ihnen geschaffenen Arbeitsplätze oder auf sonstige staatliche Interessen (etwa die relative Unabhängigkeit der Energieerzeugung). Auf diese Weise können sich dann auch Unternehmen – und sogar ganze Branchen – halten, von denen Gewinne schon strukturell nicht erwartet werden können (man denke an die erstaunlich lange Spätphase der deutschen Montanindustrie). Diese Organisationen unterscheiden sich in ihren dominanten Problembezügen jedoch so grundlegend von den hier behandelten Fällen, dass man sich fragen darf, ob es sinnvoll ist, sie in einem organisationswissenschaftlichen Sinne noch als Unternehmen zu behandeln.

In jedem Fall sind beide Formen der Kompensation ausbleibender Profite hoch fragil, da stets unklar ist, ob und wann die Geduld der Banken, Investoren oder des Staates aufgebraucht ist und sie ihre Unterstützung verweigern. Drastisch zu besichtigen war dies etwa im Falle des ,Groundings' der ehemaligen Schweizer Fluggesellschaft Swissair, die nach einer längeren Phase wirtschaftlicher Schwierigkeiten am 2. Oktober 2001 den Flugbetrieb einstellen musste, weil weder die Banken noch der Schweizer Staat bereit waren, weiteres Geld zur Verfügung zu stellen. Tausende Passagiere und etliche Flugbesatzungen waren in der ganzen Welt gestrandet, weil bereits bereitstehende Flugzeuge nicht betankt wurden, da Rechnungen für Treibstoff und Flughafengebühren nicht bezahlt werden konnten (Lüchinger 2001).

Fazit: Ambivalenzen der Eigenfinanzierung

Eine für das Verständnis von Unternehmen zentrale und in der Organisationsforschung doch oftmals übersehene Differenz ist jene von Organisationszweck und organisationaler Refinanzierungsform. Der Preis dieser Vermischung lag vor allem darin, dass für Nicht-Unternehmen die Frage der Geldbeschaffung zumeist abgedunkelt und damit unterschätzt wurde, sie zugleich aber umgekehrt mit Blick auf Unternehmen zum dominierenden Problem – ja zum Organisationszweck selbst – erhoben wurde. Mit der Einführung der Unterscheidung von Organisationszweck und organisationaler Refinanzierungsform wird es demgegenüber möglich, ein höheres Auflösungsvermögen für das Verständnis von Unternehmen zu gewinnen.

In diesem ersten Abschnitt von Kapitel 2 haben wir vor allem gesehen, dass Unternehmen sich aus dem Verkauf selbst erstellter Leistungen refinanzieren und dass mit dieser spezifischen Refinanzierungsform eine Reihe von Implikationen verbunden sind. Dies ist einerseits eine konstitutive Wettbewerbssituation, mit der Flexibilitäts- und Innovationszumutungen verbunden sind, die regelmäßig ,vorzeitige' Investitionen erforderlich werden lassen und damit ebenso wie die Tatsache, dass Unternehmen mit Renditeerwartungen ihrer Eigentümer konfrontiert sind, einen Druck zur Überfinanzierung etablieren. Unternehmen sind also in der Tat auf die Erwirtschaftung von Profiten angewiesen. Hieraus aber abzuleiten, die Generierung von Profiten sei der Zweck von Unternehmen, wäre ein Trugschluss. Profite mögen das Motiv des Eigentümers sein und sie sind daher als Voraussetzung der Unternehmensgründung schlechthin zu verstehen. Als Organisationszweck taugen sie jedoch nicht, weil sie lediglich über den Modus der Refinanzierung informieren.

Auf der einen Seite der Konsequenzen der Eigenfinanzierung stehen also die Alleinzuständigkeit für Re- und Überfinanzierung, konkurrenzbasierte Unsicherheiten einer turbulenten Marktumwelt und ein entsprechender Flexibilitäts- bzw. Adaptivitätsdruck: die Herausforderung des Unternehmens nämlich, sich auf entsprechend turbulente Verhältnisse einzustellen und sich an diese anzupassen. Auf der anderen Seite eröffnet die Eigenfinanzierung aber auch eine umfassende Entscheidungsautonomie des Unternehmens, so dass dieses ohne gesteigerte Rücksichtnahmen oder gar direktive Eingriffe auf die bzw. aus der Umwelt selbstständig – eben autonom – über sein Schicksal entscheiden kann. Dieser komplementären

Seite der Eigenfinanzierung, der Entscheidungsautonomie des Unternehmens, widmet sich das folgende Kapitel 2.2.

2.2   Die Entscheidungsautonomie des Unternehmens

Autonomie meint nicht, dass Unternehmen von allem, was um sie herum geschieht, absehen könnten. Vielmehr bezieht sich der Autonomiebegriff auf die im Unternehmen konzentrierten Entscheidungskompetenzen: Über die Belange des Unternehmens entscheidet dieses ausschließlich selbst. Dass auch ruinöse Entscheidungen vorkommen – etwa der Versuch von Porsche, VW zu übernehmen, der im Jahre 2012 in einer umgekehrten Übernahme von Porsche durch VW mündete – unterstreicht nur, dass Unternehmen zwar autonom entscheiden können, sie aber keine unbegrenzte Kontrolle über die Entscheidungsfolgen haben. Autonomie, verstanden als Entscheidungsautonomie, ist ein wichtiges Merkmal von Organisationen schlechthin. Auch Schulen, wenngleich unter staatlicher Aufsicht, sind in gewissen Hinsichten autonom (nur deswegen gibt es Lehrerkonferenzen), aktuelle Universitätsreformen zielen auf eine Autonomisierung der Hochschule und die Autonomie der Gerichte ist in vielen Demokratien sogar verfassungsmäßig garantiert.

Die Reichweite der unternehmerischen Autonomie wird demgegenüber erkennbar, wenn man sich vor Augen führt, welch umfassende Möglichkeiten zur *Selbständerung* Unternehmen offenstehen. Unternehmen können wie kein anderer Organisationstyp auch noch über *ihre eigenen Strukturen* entscheiden. Während etwa Schulen schon bei der Besetzung von Stellen externe Einschränkungen erfahren und sie auf ihre Stellen*struktur*, also die Zahl und Typen von einzurichtenden Stellen, praktisch gar keinen Einfluss haben, zeigt sich mit Blick auf Unternehmen ein beachtliches Maß an Freiheitsgraden im Umgang mit sich selbst. Entscheidungsautonomie ist dementsprechend als ein graduelles Konzept zu verstehen: Sie kann sich in Einzelaspekten realisieren, in anderen dagegen unerfüllt bleiben.

Manifestationen hoher Entscheidungsautonomie

Im Folgenden wird ein genauerer Blick auf die Entscheidungsautonomie von Unternehmen geworfen. Dabei gilt es, konkrete Manifestationen der für Unternehmen typischen hohen Entscheidungsautonomie zu erläutern. In welchen Phänomenen also spiegelt sich die Entscheidungsautonomie von Unternehmen wider – und welche Konsequenzen sind damit jeweils verbunden?

Zweckmobilität und Zweckpluralität

Mit Zweckmobilität ist gemeint, dass Unternehmen sich nicht ein für alle Mal auf einen bestimmten Zweck festlegen, sondern der Zweck im Verlaufe der Zeit gewechselt werden kann. Wir hatten bereits oben bei der Diskussion über Organisationszwecke und Refinanzierungsformen gesehen, dass der Unternehmenszweck am besten mit der von Unternehmen erstellten Leistung zu beschreiben ist. Fragt man aber danach, was denn die Leistung eines Unternehmens sei, so stößt man auf eine enorme Vielfalt: Unternehmen bauen Autos und Schiffe, sie vermieten Übernachtungsmöglichkeiten, sie stellen die Infrastruktur für Online-Auktionen bereit, sie produzieren Nahrungsmittel, bereiten diese zu und sie stellen Räumlichkeiten und ein bisweilen ansprechendes Ambiente für deren Verzehr bereit. Auch das Verleihen von Geld gegen Gebühr (Zinsen) sowie der Transport von Menschen oder Frachtgut in Urlaubs- oder Katastrophengebiete – all dies sind Zwecke von Unternehmen, die empirisch vorkommen.

Ein einheitlicher Zweck von Unternehmen lässt sich also gerade nicht erkennen. Vielmehr bestimmt mit Blick auf den Organisationstyp Unternehmen insgesamt ein Zweckpluralismus das Bild. Im Falle von Schulen (Erziehung), Universitäten (Forschung und Lehre) oder Krankenhäusern (Krankenbehandlung) sind eindeutige Zwecke nicht nur identifizierbar, sondern auch identitätsstiftend. Gerade deswegen halten diese Organisationstypen ihre jeweiligen Zwecke invariant. Für Unternehmen ist demgegenüber ihr hohes Maß an Zweckmobilität kennzeichnend. Das heißt: Unternehmen halten nicht ihre Zwecke, sondern die Variabilität ihres je eigenen Zweckes invariant: Bei Bedarf werden die Zwecke geändert. Gerade diese Disponibilität über die eigenen Zwecke lässt Unternehmen als Unternehmen erkennbar werden.

Für solche Fälle von Zweckmobilität gibt es prominente Beispiele. Sie machen deutlich, dass entsprechende Zweckwechsel bisweilen zu erstaunlichen Diskontinuitäten führen können. So gründete sich BMW im Jahre 1912 zunächst als Hersteller von Flugzeugtriebwerken und stellte erst nach dem Ersten Weltkrieg (forciert durch die Auflagen des Versailler Vertrags) auf die Produktion von Motorrädern um. Ein anderes Beispiel ist Nokia. Gegründet im Jahr 1865, war Nokia ursprünglich eine Papierfabrik, in der um die Jahrhundertwende auch Gummierzeugnisse wie Reifen und Gummistiefel hergestellt wurden. Der Einstieg in das bis zur Übernahme durch Microsoft primäre Mobilfunkgeschäft erfolgte erst in den 1980er Jahren.

Die Ausweitung der Entscheidungsautonomie auf den Unternehmenszweck stellt einen zentralen Mechanismus dar, um im Hinblick auf das eigene Überleben hinreichende Flexibilitäts- und Anpassungspotentiale zu erzeugen und ausschöpfen zu können. Unternehmen können es schwerlich ignorieren, wenn ihre Leistungen dauerhaft oder dramatisch weniger nachgefragt werden, sei es, weil die Konkurrenzsituation sich verändert hat oder entsprechende Leistungen überflüssig geworden sind. Der Zweckwechsel ist dann die radikalste, aber eine mögliche Reaktion von Unternehmen auf entsprechende Entwicklungen.

Die prinzipielle Möglichkeit, den eigenen Zweck überhaupt wechseln zu können, ist Ausdruck einer außergewöhnlich ausgeprägten Entscheidungsautonomie. Gänzlich frei sind jedoch auch Unternehmen bei der Wahl und dem Wechsel ihrer Zwecke nicht. Vielmehr ist mit Randbedingungen zu rechnen, die den Horizont faktischer Möglichkeiten begrenzen. Im Wesentlichen sind es drei limitierende Faktoren, die bedeutsam erscheinen und sich in ihrer Relevanz je nach konkretem Kontext unterscheiden können: begrenztes Geldkapital; politisch-rechtliche Regulierungen sowie Grenzen der Legitimität.

Wenngleich Unternehmen ihre Zwecke teils in erstaunlich radikaler Weise ändern können, so unterliegen doch auch Unternehmen gewissen Bindungen an ihre eigene Geschichte. Solche *Pfadabhängigkeiten* (Sydow et al. 2009; Sydow 2010) können den Optionsraum für anstehende Entscheidungen erheblich einschränken. Mit Blick auf Unternehmenszwecke wäre dabei zum einen an bereits investiertes Geld, an ‚sunk costs‘ also, zu denken. Wir hatten bereits gesehen, dass die Entscheidung für spezifische Unternehmenszwecke zunächst einmal Investitionen erforderlich werden lässt, sei es in Gebäude und Infrastruktur oder in Technologien. Je nachdem über welches konkrete Leistungsportfolio ein Unternehmen verfügt, mögen sich Zweckwechsel oder -verschiebungen nur mit erheblichem finanziellen Aufwand bewerkstelligen lassen. Neue Produkte machen neue Maschinen erforderlich und das bedeutet, alte Maschinen werden überflüssig. Unter diesen Voraussetzungen wäre grundsätzlich damit zu rechnen, dass Zweckwechsel, wo sie vorkommen, eher in thematischer oder technologischer Nähe zum alten Zweck erfolgen und dass dort, wo sie grundsätzlicher ausfallen, dies zu Zeitpunkten geschieht, zu denen auch das Festhalten am etablierten Zweck größere Investitionen erforderlich werden ließe. Gleichwohl mag der Zweckwechsel natürlich auch als die ‚letzte Chance‘ wahrgenommen werden, so dass die damit verbundenen Kosten als unausweichlich erscheinen können. Letztlich bleibt die Entscheidung für oder gegen einen Zweckwechsel aber – wie jede Entscheidung – immer riskant. Zudem ist jenseits aller rationalen Erwägungen auch mit einer Prägung des Unternehmens in der Gründungsphase, einem „Imprinting" (Stinchcombe 1965), zu rechnen. Spezifische externe Umstände und in der Gründungsphase des Unternehmens wirkmächtige kognitive Schemata können eine beachtliche Persistenz entwickeln und so den Raum an *wahrgenommenen* und damit verfügbaren Alternativen stark einschränken.

Neben finanziellen und kognitiven Einschränkungen des Optionsraums für die Wahl und den Wechsel von Unternehmenszwecken spielen auch politisch-rechtliche Regulierungen und Legitimitätsfragen eine zentrale Rolle. Angesprochen ist damit ein Aspekt, den James D. Thompson (1967: 28ff.) bereits im Jahre 1967 als „Domain Consensus" beschrieben hat. Der ‚Konsens'-Aspekt verweist dabei auf den Umstand, dass jede Organisation in eine Reihe von Umweltbeziehungen (Kunden oder Klienten, Zulieferer, politische Beobachter wie Regulierungsbehörden usw.) eingeflochten ist und dass diese Umwelten bestimmte organisationale Leistungen prämieren, andere jedoch nicht unterstützen. Das Konzept der organisationalen Domäne ist dem Begriff des Organisationszweckes ähnlich, umfasst die organisationalen Leistungen jedoch auf einem stärker spezifizierten und konkretisierten Niveau, so dass sich auch zwei Gefängnisse hinsichtlich ihrer Domänen unterscheiden können – etwa, wenn das eine als Hochsicherheitsgefängnis operiert, während das andere vor allem auf Resozialisierungsmaßnahmen mit einem sehr permissiven oder gar offenen Vollzug setzt. In jedem Fall sensibilisiert das Konzept des ‚Domain Consensus' aber für Verhaltenserwartungen der relevanten Anderen gegenüber dem Unternehmen und damit für normative Bewertungen von Organisationstätigkeiten durch die Umwelt. Die ‚organizational Domain' oder der Organisationszweck werden damit zum „organization's excuse for existence" (Thompson 1967: 29).

Insofern Unternehmen ihre Leistungen auf einem (öffentlichen) Markt anbieten, sie zudem Steuerprüfungen unterzogen werden und Geschäftsberichte erstellen, ist es kaum möglich, illegale Ziele zu offiziellen Unternehmenszwecken zu erheben. Zwar mag sich mit dem Transport von Flüchtlingen, der Entführung von Menschen, dem Überfall auf Schmuckgeschäfte und Ähnlichem Geld ‚verdienen' lassen, ein unternehmerisches Geschäftsmodell lässt sich hieraus jedoch kaum entwickeln. Obwohl solche Fälle von Kriminalität durchaus auch in organisierter Form stattfinden, handelt es sich bei ihnen doch nicht um Unternehmensorganisationen im hier beschriebenen Sinne. Schon weil solche illegalen Organisationen sich mit anderen Zentralproblemen konfrontiert sehen, müsste auch ihre Analyse gänzlich andere Aspekte in den Vordergrund rücken – etwa das Bemühen um und die entsprechenden Mechanismen der Geheimhaltung oder die besondere Relevanz persönlichen Vertrauens (Paul und Schwalb 2012).

Für Unternehmen hingegen ist die Legalität ihrer Zwecke eine notwendige Bedingung ihrer Existenz – und zugleich eine sachliche Einschränkung möglicher Zwecksetzungen. Inwiefern Unternehmen zusätzlich darauf angewiesen sind, dass ihre Zwecke nicht allein in einem rechtlichen Sinne legal sind, sondern sie darüber hinaus eine breitere Unterstützung finden und ihnen auch noch Legitimität zugeschrieben wird, ist eine empirische Frage. In gewissem Umfang werden Unternehmen jedenfalls in der Lage sein, durch hinreichend effiziente Fertigungsverfahren und entsprechend niedrige Verkaufspreise oder angesichts eigener Toleranzen für Verluste, Einschränkungen in der Legitimität kompensieren zu können.

Entscheidungen über Unternehmensgrenzen

Eine weitere Dimension, in der sich die für Organisationen im allgemeinen unge-
wöhnliche, für Unternehmen jedoch typische Totalität der Entscheidungsautonomie
abzeichnet, betrifft die Grenzziehung des Unternehmens. Diese Grenzziehungsautonomie von Unternehmen zeigt sich dabei in zweierlei Hinsicht: zum einen
hinsichtlich der Transzendenz von *Grenzen in der Umwelt* des Unternehmens, zum
anderen mit Blick auf die Etablierung der unternehmenseigenen *Grenze zur Umwelt*.

Die grenzbezogene Autonomie von Unternehmen zeigt sich zunächst in den
Möglichkeiten eines Unternehmens, sich von jenen *Grenzen* zu emanzipieren, die
in seiner Umwelt vorkommen. Das Absehen-Können von nichtorganisationalen
Grenzen in der Umwelt zeigt sich zum Beispiel am Fall des globalisierten Unternehmens – eines Unternehmens also, das in seinem Wirken nicht auf einen einzelnen
Nationalstaat begrenzt ist, sondern stattdessen in ganz unterschiedlichen Ländern
aktiv ist, indem es dort Filialen oder Tochtergesellschaften unterhält. Faktisch mag die
Integration solchermaßen global und/oder transnational orientierter Unternehmen
eine Reihe von Problemen mit sich bringen. So ist etwa daran zu denken, dass die
globale Orientierung des Konzerns immer wieder auf lokale Umwelterwartungen
trifft, die nicht ohne Weiteres mit den Organisationserwartungen vereinbar sein
müssen (vgl. Mense-Petermann 2012).

Gleichwohl ist die Möglichkeit, auf der Ebene von Standortentscheidungen von
solchen nationalen Grenzen absehen zu können, eine Form der Autonomie, die sich
zwar in Teilen auch in manch anderen Organisationstypen findet (etwa in Universitäten oder Museen), jedoch weder für diese noch für Organisationen per se typisch
ist. Politische Parteien etwa können sich schon aufgrund ihres nationalstaatlichen
Bezugs zwar international vernetzen, aber keine Auslands*filialen* gründen.

Die Grenzziehungsautonomie des Unternehmens zeigt sich aber nicht allein in
der relativen Unempfindlichkeit gegenüber den nicht-unternehmerischen Grenzen in der Unternehmensumwelt. Sogar noch deutlicher wird sie mit Blick auf
die Etablierung der unternehmenseigenen *Grenze zur Umwelt* erkennbar. Diese
Grenzziehung gegenüber der Umwelt spitzt sich auf die mit der Transaktionskos-
tentheorie etablierten Frage des ‚make or buy‘ zu: Für praktisch alle Aufgaben, die
in einer Organisation anfallen, gilt *im Prinzip*, dass sie entweder in der Organisation selbst – durch Einrichtung entsprechender Stellen oder Abteilungen und der
Zuweisung entsprechender Kompetenzen – bearbeitet werden können, oder dass
die Organisation die entsprechenden Leistungen aus ihrer Umwelt beziehen muss,
sie also einkaufen kann.

Wiederum sind es aber allein Unternehmen, die selbst, eben autonom, darüber
entscheiden, welche Leistungen sie von extern einkaufen und welche sie selbst organisieren. Dies gilt sowohl für die Entscheidung über die Fertigungstiefe, also die

Frage, welche Vor- oder Folgeprodukte in das Leistungsportfolio eines Unternehmens Eingang finden. Es gilt aber auch noch für administrative Aufgaben wie das Marketing, den Vertrieb oder die Lohnbuchhaltung. Immer geht es um die Frage, wo die sachlichen Grenzen des Unternehmens gezogen, welche Aufgaben (und das heißt auch: welche Stellentypen) in die Organisation inkludiert werden und welche Leistungen dem Unternehmen über marktförmige und damit zugleich stärker spezifizierte und weniger elastische Beziehungen zugeführt werden (Outsourcing). Demgegenüber werden andere Organisationstypen in ihren Grenzziehungen weit stärker von externen Restriktionen eingeschränkt. So sind es etwa mit Blick auf Schulen vor allem politische Entscheidungen – sei es über Schülerzahlen, über Einzugsgebiete, über Lehrpläne und Curricula, über Grundschulzeiten oder die Einbindung von Sozialarbeit in die Einzelschule –, die das Leistungsspektrum von Schulorganisationen maßgeblich bestimmen.

Fragen des ‚make or buy' können einerseits unter Kostengesichtspunkten relevant sein (Williamson 1985). Andererseits lassen sie sich aber auch als Problem der Ausweitung und Einschränkung von Interdependenzzonen verstehen (Thompson 1967: 30-37). In diesem Zusammenhang der Gestaltung von Unternehmensgrenzen haben auch Konzepte von Hybriden wie etwa Unternehmensnetzwerke (z. B. Teubner 1992) oder Ideen wie die der ‚grenzenlosen Organisation' (Ashkenas et al. 1995) reüssiert. Gerade auch diese Organisationen haben Grenzprobleme zu lösen (Tacke 1997). Mit der Möglichkeit, über die Organisation des Zuflusses der zur Leistungserstellung benötigten Ressourcen im Prinzip frei disponieren zu können, unterscheidet sich das Unternehmen jedoch signifikant von anderen Organisationstypen.

Faktisch unterliegen auch ‚make or buy'-Entscheidungen im Kontext von Unternehmen limitierenden Randbedingungen. Zwar haben Unternehmen die Möglichkeit, selbstständig neue Geschäftsfelder zu erschließen, das Produktportfolio zu erweitern oder vor- bzw. nachgelagerte Stufen im Prozess der Leistungserstellung selbst zu organisieren und in das Unternehmen zu integrieren. Solche Unternehmensexpansionen sind jedoch kostspielig, da nicht allein die entsprechende Infrastruktur, sondern auch noch die benötigte Expertise aufgebaut und gegebenenfalls Fertigungsprozesse reorganisiert werden müssen. Dieser Umstand lässt abermals die mobilisierbaren Geldmittel als beschränkenden Faktor in den Blick geraten.

Bisweilen verschieben Unternehmen ihre Grenzen aber nicht im Modus der Selbstexpansion, sondern durch die Übernahme und Integration anderer, bereits bestehender Unternehmen. Solche ‚Merger & Acquisitions' können nicht allein an einem unzureichenden Kapitalvorrat, sondern auch an regulatorischen Einwänden scheitern. Vor allem im Kontext von Großkonzernen und entsprechenden Übernahmen prüfen in der Regel Kartell- und Wettbewerbsbehörden, inwieweit eine entsprechende Fusion mit einer nicht akzeptablen Marktmacht der potentiell neu entstehenden Organisation einhergehen würde. Die Entscheidung über die Verschiebung von Organisationsgrenzen wird dann zwar nicht von einer externen Instanz getroffen, Käufe oder Verkäufe werden nicht angeordnet, allerdings wird die Umsetzung getroffener Unternehmensentscheidungen in manchen Fällen durch Folgenandrohung blockiert.

Letztlich zeigt sich aber auch darin die im Vergleich zu anderen Organisationstypen immer noch größere Grenzziehungssouveränität von Unternehmen. Schließlich sind bei der Vorbereitung und Anfertigung der Übernahmeentscheidung selbst lediglich zwei Organisationen involviert. Sie entscheiden sich entweder beide für eine Fusion, oder – wie im Falle einer feindlichen Übernahme – eine Organisation entscheidet, während die andere betroffen ist. Dieses scheinbare Ausgeliefertsein des übernommenen Unternehmens ist jedoch lediglich das Negativ-Korrelat der Grenzziehungsautonomie. Denn auch hier gilt: schützen kann sich das Unternehmen nur selbst (Aldrich 1971). Im Falle von öffentlichen Verwaltungen – um nur einen Kontrastfall zu erwähnen – sind feindliche Übernahmen zwar ausgeschlossen, aber Gemeindereformen stellen ein Beispiel dafür dar, wie Verschiebungen in den Organisationsgrenzen von einer externen, in diesem Fall übergeordneten Instanz getroffen werden, zu der es im Falle von Unternehmen kein Äquivalent gibt. In diesem Fall sind dann die ‚fusionierten' Verwaltungen von den Entscheidungen einer dritten Organisation betroffen.

Neben den Aspekten Geld und Regulierung ist mit Blick auf die Gestaltungsfreiheit von Organisationsgrenzen aber noch ein dritter Aspekt zu berücksichtigen. So können Fusionen auch dann scheitern, wenn sie sowohl legal als auch finanzierbar sind. Ein solches Beispiel ist etwa die Fusion der Daimler-Benz AG und der Chrysler Corporation aus dem Jahr 1998. In diesem Fall war es die „Organisationsvergessenheit" (Hoebel 2014) in der Fusionsvorbereitung, die dazu führte, dass die strukturelle Trägheit der Organisation (Hannan und Freeman 1984) und „kognitive Routinen" (Luhmann 2000: 250) im Nachhinein folgenreich waren: Mitglieder haben massenhaft das Unternehmen verlassen und die Fusion ist letztlich gescheitert. In solchen Fällen scheitert die Grenzverschiebung der Unternehmen letztlich – und paradoxerweise – an der Organisation selbst.

Entscheidungen über Entscheidungsprämissen – zur Selbst-Disponibilität von Unternehmensstrukturen

Entscheidungen lassen sich als das kleinste Element organisationaler Kommunikation verstehen. Alles, was in Unternehmen formale Bedeutung erlangen soll, muss entweder selbst in der Form einer Entscheidung kommuniziert werden, oder es muss seine Relevanz aus der Vorbereitung anstehender Entscheidungen beziehen bzw. diese mit Verweis auf bereits getroffene Entscheidungen behaupten. Und auch alltagsweltlich lässt sich diese Zentralstellung von Entscheidungen in organisierten Kontexten leicht nachvollziehen: Wer immer neu in eine Organisation eintritt, wird sich fragen müssen, wer über welche Sachverhalte zu entscheiden hat, wer im Vorfeld bestimmter Entscheidungen zu konsultieren oder über das Ergebnis einer Entscheidung zu informieren ist. Unternehmen sind voll von Entscheidungsgelegenheiten: Sitzungen und Meetings, aber auch das Ausfüllen von bestimmten Eingabemasken in EDV-Systemen. Und Protokolle dienen als schriftliches Organisationsgedächtnis, in denen wiederum vor allem Entscheidungen erinnert werden (Luhmann 2000: 159).

Die Prominenz von Entscheidungen bringt für Unternehmen einige leicht zu sehende Probleme mit sich. Diese betreffen zum einen die Frage, wer etwas entscheiden darf – und dies bisweilen auch muss. Dies ist die Frage der Entscheidungskompetenzen. Zum anderen stellt sich aber auch das Problem, festzulegen, auf welcher Grundlage bzw. mit welchen Zielen eine Entscheidung getroffen werden soll. Dieses Problem verschärft sich nochmals, wenn Unsicherheit darüber besteht, welche Folgen mit der einen oder anderen Entscheidung verbunden sind. Angesprochen ist damit ein Bedarf an Richtigkeitsregeln des Entscheidens. Damit sind Regeln gemeint, die den Mitgliedern als Anhaltspunkte dienen, um Entscheidungen in einer Weise zu treffen, die vom Unternehmen legitimiert ist. Da sowohl Kompetenzzuweisungen als auch Richtigkeitsregeln des Entscheidens der Vorstrukturierung von Entscheidungen dienen, werden sie in der Organisationsforschung als *Entscheidungsprämissen* bezeichnet (Simon 1997; Luhmann 2009a; 2000: Kap. 7-10; 1988b). Bedeutsam sind Entscheidungsprämissen dabei nicht allein, um Kriterien für anstehende Einzelentscheidungen bereitzustellen, sondern insbesondere auch, um die Vielzahl in einem Unternehmen *gleichzeitig* getroffener Entscheidungen zu koordinieren und miteinander in Beziehung setzen zu können (Luhmann 2000: 237).

Hinsichtlich der Entscheidungsautonomie von Unternehmen ist bemerkenswert, wie umfassend diese selbst über ihre Entscheidungsprämissen entscheiden können. Dies betrifft einerseits die Besetzung von offenen Stellen, also die Personalauswahl. Unternehmen können praktisch beliebig und mit sparsamsten bzw. sehr leicht zu formulierenden Rechtfertigungen gegenüber ihrer Umwelt aus ihren Bewerbern auswählen. Wohingegen zum Beispiel Parteien und erst recht freiwillige Vereinigungen ihre Mitgliedschaftsentscheidungen praktisch vollständig den Mitgliedern bzw. Noch-Nicht-Mitgliedern überlassen und erst bei der Besetzung von Ämtern selektieren. Während mit Blick auf freiwillige Vereinigungen die Mitglieder sich also positiv für die Organisation entscheiden, können im Falle von Unternehmen die (Noch-Nicht-)Mitglieder sich allenfalls negativ, also gegen eine Mitgliedschaft entscheiden – am einfachsten durch den Verzicht auf eine Bewerbung. Unternehmen können aber nicht allein über ihr Personal – also die Besetzung von Stellen – autonom entscheiden. Sie können auch noch ihre Stellenstruktur selbstbestimmt entwerfen und verändern: Stellen können (temporär oder dauerhaft) neu geschaffen, neu beschrieben, abgeschafft, zusammengelegt, getrennt, oder zu Abteilungen ausgebaut werden – und all dieses, ohne darin seitens ihrer Umwelt beschränkt zu werden. Zwar mag es gerade im Zusammenhang mit einem Stellenabbau zu bisweilen lautstark vorgetragenen Protesten aus der Politik oder der Belegschaft kommen. Letztlich ist auch dies aber nur Ausdruck der eigenen Ohnmacht gegenüber der Entscheidungsautonomie des Unternehmens.

Und schließlich besitzen Unternehmen auch die volle Freiheit zur autonomen Gestaltung ihrer Entscheidungsregeln – sowohl mit Blick auf konkrete Inhalte wie auch mit Blick auf konkrete Verschachtelungsverhältnisse. Ob überhaupt und gegebenenfalls unter welchen Umständen und nach welchen Kriterien einigen Kunden Rabatte eingeräumt werden und anderen nicht, liegt genauso im Belieben des jeweiligen Unternehmens wie die Ausgestaltung von Zielvereinbarungen oder die Festlegung von Budgets. Und wenngleich auch Unternehmen rechtliche Regelungen zu beachten haben, stellen sich diese doch allenfalls als Randbedingungen dar und schlagen nicht unmittelbar auf die Organisationsstruktur durch, wie dies etwa im Kontext von öffentlichen Verwaltungen oder Schulen zu beobachten ist, die in der Regel sehr stark und direkt durch politisch-rechtliche Regulierungen eingeschränkt sind.

Funktionen und Folgen hoher Entscheidungsautonomie

Wenn also Unternehmen im Vergleich zu anderen Organisationstypen über wesentlich höhere Freiheitsgrade und eine relativ umfassendere Entscheidungsautonomie verfügen, so stellt sich die Frage, welche Konsequenzen sich daraus ergeben. Was also bedeutet es für eine Organisation, ihr Schicksal vermeintlich in den eigenen Händen zu halten? So zu fragen liegt ganz auf einer Linie mit der in der Einleitung bereits skizzierten funktionalen Perspektive, die sich für Problem-/ Lösungskonstellationen interessiert. Das Interesse dieses Abschnitts lässt sich daher weiter zuspitzen: Welche strukturellen Organisationsprobleme des Unternehmens werden durch eine umfassende Entscheidungsautonomie bearbeitet und gelöst (Funktionen) und welche Anschlussprobleme ergeben sich aus der spezifischen Form der Problembearbeitung qua Entscheidungsautonomie (Folgen)?

Entscheidungsautonomie als Adaptivitätschance

Wir hatten bereits in Kapitel 2.1 herausgearbeitet, dass ein Zentralproblem von Unternehmen darin besteht, mit einer hohen Unsicherheit einerseits und hohen Flexibilitätsanforderungen andererseits konfrontiert zu sein. Beides gründet in der durch Konkurrenz geprägten Marktumwelt von Unternehmen, die eine Abnahme der selbsterstellten Leistungen unsicher macht und zudem auf Innovationen hindrängt. Vor diesem Hintergrund erscheint eine hohe Entscheidungsautonomie vor allem als eine Strukturbedingung, um immer wieder erforderlich werdende Innovationen – und das heißt, Anpassungen der Organisationsstruktur – auch umsetzen zu können.

Ein Unternehmen, das von Umweltfaktoren (seien es die eigenen Mitgliedermotive oder externe Stakeholder) in seinen Spielräumen stark beschnitten würde, wäre kaum in der Lage, sich an eine dynamische Marktumwelt anzupassen. Und dort, wo solche Einschränkungen dennoch vorkommen, werden entsprechende Zusatzhilfen erforderlich, um trotz aller Trägheit bestehen zu können. Ein Beispiel hierfür sind so genannte Staatskonzerne, wie die ehemalige Deutsche Bundespost oder die Deutsche Bundesbahn. Die Schwierigkeiten im Zusammenhang der Privatisierungen dürften auch darauf zurückzuführen sein, dass diese Organisationen durch vormals staatlich garantierte Monopole in einer Schutzzone operierten, die viele der mit einem Marktumfeld normalerweise verbundenen Zumutungen und Unsicherheiten neutralisierten. So gesehen handelte es sich bei diesen ‚alten Riesen‘ also eigentlich gar nicht um Unternehmen.

In diesem Sinne kann die Entscheidungsautonomie selbst zunächst einmal als eine Adaptivitätschance des Unternehmens verstanden werden. Anders als z. B. freiwillige Vereinigungen, die sich als Organisationen kaum von den Motiven und Interessen ihrer Mitglieder emanzipieren können (Horch 1983), gelingt es Unternehmen auf der Grundlage *bezahlter* Mitgliedschaften, von den Beitrittsmotiven ihrer Mitglieder zu abstrahieren und eigene Zwecke zu setzen (March und Simon 1993: 110ff.; Luhmann 1964: 100ff.). Damit wird es Unternehmen möglich, sich auf eine Anpassung an die externe Umwelt und deren Sachzwänge einzustellen. Dieser Zusammenhang von Refinanzierungsform und Entscheidungsautonomie zeigt sich im Übrigen auch mit Blick auf freiwillige Vereinigungen. Diese können eine derart starke Binnenorientierung auch deswegen durchhalten, weil sie zwar nicht autonom, aber autark operieren. Durch das Einsammeln von Mitgliedschaftsbeiträgen entfällt für Vereine – auch mit Blick auf Refinanzierungsnotwendigkeiten – das Problem, sich an externe Umwelten anpassen zu müssen.

Entscheidungsautonomie als Entscheidungszumutung und die Inflation der Risikoperspektive – oder: ‚Jeder ist seines eigenen Glückes Schmied'

Mit Blick auf das Problem der Unsicherheit und korrespondierender Flexibilitätserfordernisse kann die hohe Entscheidungsautonomie angesichts ihrer adaptiven Potentiale also als durchaus funktional verstanden werden. Auf der Rückseite der Entscheidungsautonomie zeigt sich jedoch ein gewichtiges Folgeproblem: Die Notwendigkeit, Entscheidungen auch tatsächlich zu treffen. Verwaltungen, Schulen, Krankenhäuser und manch andere Organisationen können auf gesetzliche Regelungen oder professionale Standards (die ja nicht nur die eigene Organisation, sondern auch die Umwelt der Organisation vorstrukturieren) rekurrieren, um sich von Entscheidungen zu entlasten oder sie ganz zu vermeiden. Unternehmen hingegen sehen sich mit einer Situation konfrontiert, in der prinzipiell alles zu entscheiden ist: Standorte, Geschäftsfelder, Produktportfolios, Fertigungsverfahren, Marketingkampagnen, Forschungs- und Entwicklungsaktivitäten, die Preispolitik, die interne Stellenstruktur inklusive der daran sichtbar werdenden Kompetenzverteilungen usw. Wollte man bestimmte Aspekte der Entscheidbarkeit entziehen, so ist auch dies nur mittels entsprechender Entscheidungen möglich. Mindestens aber setzen sich die Verantwortlichen dann der Gefahr aus, ex post – wenn es nämlich schiefgegangen ist – so behandelt zu werden, *als ob* sie *entschieden* hätten (Luhmann 1964: 177).

Vor dem Hintergrund dieser Ausführungen erscheint die Entscheidungsautonomie der Unternehmen als ambivalent. Einerseits eröffnen sich mit der Möglichkeit, über eigene Strukturen und Umweltbeziehungen autonom entscheiden zu können, gerade jene Flexibilitätspotentiale, die notwendig sind, um auf externe Veränderungen intern reagieren zu können. Andererseits steigert die entgrenzte Entscheidungsautonomie der Unternehmen aber auch deren Unsicherheitsbelastung. Denn sie *können* nicht nur über alles selbst entscheiden, sie *müssen* es auch.

Die umfassende Entscheidungsautonomie und die daran gebundenen Entscheidungszumutungen lassen aber nicht allein die Zahl der Entscheidungsanlässe und -themen anwachsen. Die Tatsache, dass jede Entscheidung immer auch anders hätte getroffen werden können und dass es die eigenen Entscheidungen sind, die über Wohl und Wehe des Unternehmens bestimmen, sensibilisiert organisationsintern vor allem für Risikoperspektiven (Luhmann 1991: 201ff.). Unternehmen tendieren daher dazu, die grundsätzliche Unsicherheit bezüglich der Leistungsabnahmebereitschaft in der Umwelt aus einer Position heraus zu beobachten, aus der sie sich selbst als Schmied ihres eigenen Glückes verstehen: Sie treffen gegenwärtig Entscheidungen, die sich im zukünftigen Rückblick als erfolgreich oder verheerend erweisen werden. Freilich handelt es sich bei dieser Haltung weniger um eine realistische Einschätzung der eigenen Beeinflussungschancen, als vielmehr um eine – durchaus folgenreiche – Steuerungsfiktion. So erscheinen aus dieser Perspektive die oben beschriebenen Entscheidungsoptionen erst recht als Entscheidungszumutungen: Permanent muss das Unternehmen entscheiden, ob es die Preise beibehält, erhöht oder senkt, und ob es die Produktpalette, bestimmte Produkteigenschaften oder Fertigungsverfahren verändert – und all dieses ohne die zukünftigen Präferenzen der Konsumenten kennen zu *können*.

Strukturpluralismus des Unternehmens als Konsequenz hoher Entscheidungsautonomie

Lassen wir das Unternehmen als Einzelorganisation hinter uns und schauen stattdessen auf die Gesamtpopulation aller Unternehmen, so zeigt sich, dass die Entscheidungsautonomie des Einzelunternehmens eine Erklärung für die erhebliche strukturelle Heterogenität unter den Unternehmen darstellt. Gerade weil es an externen Strukturfestlegungen fehlt, finden sich große und kleine Unternehmen, solche mit einer sehr starken – beinahe dem Militär ähnlichen – Hierarchie und jene, die bemüht sind, hierarchische Strukturen abzubauen. Es gibt vielfältigste Zwecke zu besichtigen und eine ebenso große Varianz von Selbstbeschreibungen und Identitätsbehauptungen.

Vor allem der so genannte Kontingenzansatz (Burns und Stalker 1961; Woodward 1965; Lawrence und Lorsch 1967) hat von dieser Beobachtung ausgehend ab den 1960er Jahren zu erforschen versucht, unter welchen Rahmenbedingungen (etwa Unternehmensgröße, Aufgabenkomplexität, Umweltdynamik etc.) sich bestimmte Unternehmensmerkmale (z. B. Hierarchie, Kontrollspanne, Aufgabenkomplexität etc.) als besonders effiziente und effektive Form interner Strukturierung erweisen. Diese Perspektive blieb erkennbar rationalistischen Prämissen verhaftet. Wir interessieren uns demgegenüber auch im Weiteren für das grundsätzlichere Problem eines jeden Unternehmens – nämlich immer wieder Entscheidungen treffen zu können und treffen zu müssen. Entscheidungsautonomie als Adaptivitäts*chance* zu begreifen, heißt daher genau dieses: Eine Freigabe zur Variation von Organisationsstrukturen, deren Ausgestaltung Chancen bzw. Potentiale der Adaption eröffnet – sie aber in keiner Hinsicht auch schon sicherstellt.

Fazit: Eigenfinanzierung und Entscheidungsautonomie zwischen Stabilität und Adaptivität

Die bisherigen Ausführungen haben aufgezeigt, dass die Entscheidungsautonomie von Unternehmen sich in einem auch für organisierte Sozialsysteme außergewöhnlichen Ausmaß auf zentrale Strukturaspekte des Unternehmens erstreckt. Wie für keinen anderen Organisationstyp, so können wir bereits jetzt konstatieren, gilt für Unternehmen, dass ihr Schicksal in ihren eigenen Händen liegt. Die Unternehmen sind es selbst, die ihre Strukturen festlegen; sie entscheiden über ihre Zwecke, ihre Grenzen und auch noch über die Prämissen ihrer Entscheidungen. Wenngleich sich einzelne Autonomieaspekte durchaus auch mit Blick auf den einen oder anderen Organisationstyp finden lassen, so ist die Multidimensionalität der Freiheitsgrade doch für das Unternehmen spezifisch und typisch.

Andererseits wird man empirisch auch anerkennen müssen, dass auch Unternehmen nicht völlig kontextlos existieren und daher auch nicht gänzlich ohne jede Einschränkung disponieren können. Gerade vor dem Hintergrund der Ausführungen des vorangegangenen Abschnittes (2.1) liegt der erste Einwand auf der Hand: Manche der in diesem Kapitel diskutierten Entscheidungsoptionen kosten Geld; Geld, das möglicherweise nicht zur Verfügung steht. Unternehmen sind zwar autonom, aber nicht autark. Damit deutet sich schon an, dass es auch für Unternehmen interne wie externe ‚constraints' geben kann, die den *faktischen* Möglichkeitsraum des Entscheidens einschränken.

Gerade deswegen stellen die in diesem Kapitel diskutierte Eigenfinanzierung und Entscheidungsautonomie jene zwei charakteristischen Strukturmerkmale dar, aus deren *Zusammenspiel* die basale Problemdynamik von Unternehmen erwächst. Verständlich wird diese, wenn man das Verhältnis von Eigenfinanzierung und Entscheidungsautonomie als eines der wechselseitigen Ermöglichung und Steigerung begreift.

Die Selbstzuständigkeit für Refinanzierungsfragen löst das Unternehmen – wenn auch im Einzelfall nicht vollumfassend, so doch deutlich weitreichender als alle anderen Organisationstypen – aus externen und internen Bindungen heraus. Damit gewinnt das Unternehmen seine Entscheidungsautonomie, welche es gegen Eingriffe von außen partiell immunisiert. Umgekehrt erwachsen dem Unternehmen aus der Entscheidungsautonomie jene Freiheitsgrade, die nötig sind, um auf eine veränderliche, bisweilen gar turbulente Umwelt reagieren und sich mit Blick auf diese flexibel anpassen zu können. Auf der anderen Seite entpuppt sich die Entscheidungsautonomie aber auch als Entscheidungszumutung, da Unternehmen prinzipiell unzählige Möglichkeiten der Selbständerung offenstehen. Dies dürfte auch ein Grund dafür sein, dass Managementkonzepte im Kontext von Unternehmen regelmäßig eine gewisse Prominenz gewinnen und wie Moden wieder vergehen (Kieser 1997; Abrahamson 1991). Immerhin aber lässt sich mit ihrer Hilfe die völlige Unsicherheit wenigstens ein Stückweit reduzieren (DiMaggio und Powell 1983).

So oszilliert das Unternehmen gleichsam zwischen der Notwendigkeit des Wandels und der Anpassung einerseits sowie dem Bedürfnis nach Stabilität andererseits. Es muss ihm gelingen, sich zeitweise zu stabilisieren, Unsicherheit zu absorbieren

(March und Simon 1993: 165; Luhmann 2000: 183-221) und so (mindestens!) seinen „technologischen Kern" (Thompson 1967) gegen allzu große Turbulenzen abzuschirmen, ohne dabei ignorant gegenüber der Notwendigkeit der Anpassung zu werden. Wie Unternehmen dieses Problem auf den Ebenen der Formalstruktur, der Informalität und der Schauseite begegnen, welche spezifische Bedeutung diese „drei Seiten der Organisation" (Kühl 2011: 89ff.) im Kontext von Unternehmen je für sich und im Zusammenspiel miteinander haben, wird das Thema des Kapitels 3 und seiner Unterabschnitte sein.

Drei Seiten des Unternehmens **3**

Im Kapitel 2 haben wir gesehen, dass Unternehmen sich aus der Abgabe selbst erstellter Leistungen refinanzieren müssen (*Eigenfinanzierung*), dass sie dies in einer Marktumwelt – und daher unter Bedingungen von *Konkurrenz* – leisten müssen, sie deshalb zur Ermöglichung von *Innovationen* auf *Investitionen* angewiesen sind, und dass hieraus für Unternehmen – angesichts von zu zahlenden Kreditzinsen und/oder zu erfüllenden Renditeerwartungen der Eigentümer – ein Druck zur *Überfinanzierung* resultiert. All dies macht es für Unternehmen erforderlich, sich *flexibel an geänderte Umweltverhältnisse anpassen* zu können. Ermöglicht wird diese Flexibilität durch ein hohes Maß an *Entscheidungsautonomie*. Die Kehrseite der Entscheidungsautonomie ist jedoch ein hohes Maß an *Unsicherheit* und die *Zumutung des ‚Entscheiden müssens'*.

Darin besteht die basale Problemdynamik des Unternehmens. Wo Probleme dieser Art zu erkennen sind, erscheint es aus organisationswissenschaftlicher Perspektive sinnvoll, von Unternehmen zu sprechen. Und umgekehrt darf man zweifeln, ob es instruktiv ist, solche Organisationen als Unternehmen zu beschreiben, die sich umfassend von entsprechenden Problemlagen entlasten können.

In diesem Kapitel sollen nun zwei eng miteinander verbundene Fragen im Mittelpunkt stehen: (1) Wie und unter welchen Kontextbedingungen findet die kontinuierliche Bearbeitung der angesprochenen Probleme in Unternehmen statt? Und (2) welche Folgeprobleme ergeben sich für Unternehmen aus den zu beobachtenden Formen der Problembearbeitung?

Zum Aufbau dieses Kapitels – und zur Unterscheidung von drei Seiten des Unternehmens

Die weiteren Ausführungen gliedern sich in drei Unterkapitel, welche sich mit je ‚verschiedenen Seiten' (Kühl 2011) des Unternehmens beschäftigen: den formalen

Strukturen (3.1), der Informalität (3.2) und der Schauseite des Unternehmens (3.3). In diesen Abschnitten wird es darum gehen, über den jeweiligen thematischen Zugriff unternehmenstypische Formen der Problembearbeitung sowie daran anschließende Folgeprobleme zu diskutieren. Wenngleich diese Unterscheidung der drei Seiten eine heuristische Trennung darstellt, erlaubt sie es doch, die Dinge zu sortieren.

Der Begriff der ‚Seite' selbst ist kein theoretischer Begriff. Vielmehr handelt es sich bei den drei zu diskutierenden Seiten um zentrale organisationale Phänomenbereiche, für deren Beschreibung und Analyse zwar je eigene Theoriekonzepte verfügbar sind, die jedoch nicht auf die Zusammenstellung genau dieser Trias hindrängen. Die Liste der Seiten ließe sich daher auch verlängern – zum Beispiel um den Aspekt der Kultur (Tacke 2010: 352ff.). Unternehmen sind keine Dreiecke!

Andererseits handelt es sich bei den hier betrachteten drei Seiten auch nicht um eine gänzlich zufällige Auswahl. Vielmehr verweisen sie auf sowohl für die allgemeine Organisationstheorie wie auch für die Analyse von Unternehmen relevante Phänomene (Kühl 2011: 89ff.). Die Unterscheidung von *Formalität* und *Informalität* ist nicht nur vielleicht *das* klassische Begriffspaar der Organisationsforschung schlechthin, sondern auch noch eine im Unternehmensalltag – also je nach Perspektive: der Empirie oder der Praxis – hoch relevante Unterscheidung (Tacke 2015). Hinzu kommt die *Schauseite*, also der Bereich organisationaler Aussendarstellungen, der gerade mit Blick auf Unternehmen bedeutsam ist.

3.1   Die Formalstruktur des Unternehmens

Von Formalität, formalen Strukturen oder formalen Vorschriften ist auch alltagsweltlich immer wieder die Rede. Diese Begriffe werden häufig gebraucht, wenn es um Regeln geht, die eine offizielle Geltung beanspruchen können. Was immer mit dem Zusatz ‚offiziell' im Einzelfall genau gemeint ist, scheinen doch vor allem solche Regeln als formal bezeichnet zu werden, die nicht ad hoc und beliebig von den involvierten Personen geändert oder vernachlässigt werden können. Auch in Freundeskreisen oder Familien entstehen Regeln. So etwa, dass Verabredungen einzuhalten sind oder dass das Abendessen gemeinsam eingenommen wird. Diese Regeln können von den Beteiligten aber sehr leicht geändert werden, sie können situativ und einverständlich missachtet werden oder man kann gleich ganz auf Regeln verzichten.

In Unternehmen ist dies offensichtlich anders. Zwar werden auch in Unternehmen nicht ständig alle Regeln beachtet. Wo solche Missachtungen vorkommen, sind sich die Beteiligten zumeist aber doch darüber im Klaren, dass es sich dabei um

Regel*verletzungen* handelt. Die Regeln verlieren also nicht allein schon dadurch ihre Gültigkeit, dass die gerade anwesenden Personen sich darin einig sind, die Dinge abweichend zu handhaben. Diese Aspekte wurden auch in den frühen theoretisch ambitionierten Beschreibungen von Organisationen betont. Für Bürokratien stellt Max Weber (2009 [1972]: 551ff.) neben einigen anderen Merkmalen vor allem die *Regelhaftigkeit* und die *Unpersönlichkeit* als zentrale Merkmale heraus. Angesprochen ist damit der Umstand, dass Organisationen verbindliche Sonderregeln formulieren können (Regelhaftigkeit), die zwar nur mit Blick auf die jeweilige Organisation, dafür aber für *all* ihre Mitglieder gelten – und zwar unabhängig von der konkreten Person (Unpersönlichkeit).

Wichtige Aspekte der Formalität sind damit bereits angesprochen. Wir wollen hier aber ein genaueres Verständnis gewinnen. Die folgenden Abschnitte dieses Kapitels werden daher zunächst eine spezifischere Vorstellung von Formalität entwickeln, dann danach fragen, welche Funktionen Formalität im Unternehmen erfüllt und schließlich auch nach Folgeproblemen der Formalisierung Ausschau halten.

Formalisierung als Mechanismus der Erwartungssicherung

In Unternehmen finden wir eine ganze Reihe von Regeln und Vorschriften bzw. – um es soziologisch präziser zu sagen – Erwartungen. Diese Erwartungen betreffen ganz unterschiedliche Aspekte: angefangen bei Erwartungen bezüglich der Festlegung von Anwesenheitszeiten über die Festlegung eines bestimmten Kleidungsstils oder gar der Bereitstellung von Kleidung bis hin zu Erwartungen, die sich auf konkrete Tätigkeiten oder die Anwendung von Entscheidungskriterien erstrecken. Aber auch die Anerkennung der Anweisungen von Vorgesetzten gehört zu jenen Erwartungen, die Unternehmen regelmäßig an ihre Mitglieder richten.

Diese Erwartungen können sich auf zum Teil erstaunlich artifizielle Verhaltensweisen beziehen und diese stabilisieren. Menschen verbringen einen Großteil ihres Tages mit monotonen Tätigkeiten, die sie im Rhythmus eines Fließbandes ausführen, sie sitzen täglich stundenlang am Schreibtisch oder sie sind ständig auf Reisen und kaum noch zu Hause. Schon diese kurze Aufzählung deutet an, wie sehr sich Unternehmen mit ihren Erwartungen in das Leben ihrer Mitglieder drängen. Die Frage ist dann jedoch, wieso Unternehmen in der Lage sind, ihre Mitglieder zu all diesen Handlungen und zur Anerkennung entsprechender Erwartungen zu bewegen. Und die Beantwortung dieser Frage führt uns direkt zum Thema dieses Abschnitts: Formalität als einen spezifischen Typ von Erwartungen in Unternehmen, deren Geltung in besonderer Weise abgesichert ist.

Wie und wieso Unternehmen Erwartungen an ihre Mitglieder stellen können: Konditionierte Mitgliedschaften

Aus einiger Distanz betrachtet darf man sich darüber wundern, dass es Unternehmen gelingt, die unterschiedlichsten Erwartungen an ihre Mitglieder zu stellen, ohne ständig mit Widerspruch rechnen zu müssen. Während in Freundeskreisen und anderen sozialen Gruppen aber auch im Kontext von Familien Erwartungen häufig umstritten sind und immer auch mit anderen Meinungen und offen kommuniziertem Widerspruch gerechnet werden muss, scheint es uns mit Blick auf Unternehmen ganz selbstverständlich zu sein, eine Menge von Regeln zu akzeptieren, sobald wir die Werkstore durchschritten oder uns ins Firmennetzwerk eingewählt haben. Was also unterscheidet Unternehmen (und andere Organisationen) von Gruppen und Familien, das diesen Befund erklären könnte?

Verantwortlich hierfür ist ein Mechanismus, der in der Organisationsforschung als *konditionierte Mitgliedschaft* bezeichnet wird. Dieser auf den ersten Blick etwas sperrig klingende Begriff verweist auf zwei ineinander verschränkte Aspekte: die Tatsache, dass man nur durch Entscheidung Mitglied in einem Unternehmen werden kann und den Umstand, dass diese Mitgliedschaft an Bedingungen geknüpft ist (Luhmann 1964: 35ff.).

Schaut man sich an, wie Menschen zu Mitgliedern von Unternehmen werden, wie sie also zu Angestellten werden, so zeigt sich, dass dies nicht qua Geburt und auch nicht qua ‚Gesellung‘ geschieht, sondern sich im Modus des Entscheidens vollzieht – genau genommen: zweier Entscheidungen. Zum einen muss sich das Unternehmen für eine Mitgliedschaft der in Frage stehenden Person entscheiden. Jedes Bewerbungsverfahren läuft letztlich auf eine solche Mitgliedschaftsentscheidung hinaus: Welche Person soll die offene Stelle besetzen – und damit zu einem Mitglied der Organisation werden? Zum anderen muss sich auch das (potentielle) Mitglied für eine Mitgliedschaft entscheiden. Für gewöhnlich wird niemand gezwungen, in einem konkreten Unternehmen zu arbeiten.

Die Freiheitsgrade für entsprechende Entscheidungen können offensichtlich sehr ungleich verteilt sein. So lässt sich mit Blick auf die moderne geldbasierte Gesellschaft durchaus ein gewisser struktureller Zwang zur Arbeit ausmachen. Hierauf hat vor allem Karl Marx (1962: 183) mit dem Begriff der „doppelten Freiheit des Lohnarbeiters" hingewiesen. Zwar könne in der kapitalistischen Gesellschaft jeder Arbeiter frei über seine eigene Arbeitskraft verfügen. Da der Arbeiter aber auch frei von Produktionsmitteln sei, habe er kaum eine andere Wahl, als seine Arbeit auf dem Arbeitsmarkt anzubieten und sie in den Dienst anderer zu stellen. Und das heißt in der Regel: in den Dienst einer Organisation, oftmals eines Unternehmens.

In jedem Fall unterscheidet der Inklusionsmodus der *entschiedenen Mitgliedschaft* formale Organisationen – und mithin auch Unternehmen – von allen anderen sozialen Systemen der modernen Gesellschaft. So begründet sich etwa die Mitgliedschaft in Familien qua Geburt und im Falle von Freundeskreisen und anderen Gruppen durch aufeinander folgende Interaktionsepisoden. Eine Hauptfolge dieser entschiedenen Mitgliedschaften ist, dass sich Zugehörigkeiten eindeutig feststellen lassen. Unternehmen fransen nicht an ihren Rändern aus, wie dies bei Familien (entfernte Verwandte) oder Gruppen (Freund oder doch nur Bekannter?) der Fall ist. Diese Eindeutigkeit der (Nicht-)Mitgliedschaft erklärt zunächst aber nur, dass in Unternehmenskontexten unstrittig ist, ob eine konkrete Person sich an die Erwartungen des Unternehmens zu halten hat. Warum Unternehmen überhaupt Erwartungen formulieren können, ist damit noch nicht erklärt.

Um in dieser Frage weiter zu kommen, ist es wichtig, zu sehen, dass Unternehmen nicht allein über ihre Mitglieder entscheiden. Sie stellen zudem den Eintritt und den Verbleib im Unternehmen unter Sonderbedingungen. Die Anerkennung bestimmter Erwartungen (etwa bzgl. der Anwesenheit zu bestimmten Zeiten, der allgemeinen Anerkennung der Hierarchie und damit verbundener Kompetenzen oder der Akzeptanz des Organisationszweckes) werden damit zur *Bedingung der Mitgliedschaft* schlechthin. Insofern handelt es sich um konditionierte Mitgliedschaften.

Alle Erwartungen, die in diesem Sinne mitgliedschaftskritisch sind, deren Enttäuschung und Missachtung also zum Ausschluss aus dem Unternehmen führen kann, bezeichnet man als formale Erwartungen. Sie werden in der Mitgliedschaftsrolle gebündelt und der kontinuierliche Verbleib im Unternehmen ist nur dann und so lange möglich, wie das Mitglied diesen Erwartungen entspricht. Zwar mag diesen Erwartungen im faktischen Handeln des Arbeitsalltags nicht durchweg entsprochen werden und erst recht mögen die Mitglieder den Erwartungen nicht zwingend auch innerlich zustimmen. Eine offene Opposition und Ablehnung ist mit dem Verbleib im Unternehmen jedoch unvereinbar. Es bedarf daher mindestens eines „kommunikativen Ausdrucksverhaltens" (Luhmann 1964: 47), das eine prinzipielle Akzeptanz der Erwartungen erkennen lässt.

Die Wirkmächtigkeit dieses Arrangements beruht auf zwei Pfeilern. Zum einen auf der permanenten Hintergrunddrohung des Ausschlusses aus dem Unternehmen. Und das heißt: Kündigung. Zum anderen beruht der Mitgliedschaftsmechanismus aber auch auf einer Selbstbindung der Mitglieder. Offen zu opponieren und *gleichzeitig* Mitglied der Organisation bleiben zu wollen ist im Rahmen einer *konsistenten* Selbstdarstellung schlicht nicht möglich. Mit Blick auf jede Einzelerwartung gilt, dass sie entweder formalisiert oder nicht-formalisiert ist, sie also entweder mitgliedschaftskritisch ist, oder es nicht ist. Mit Blick auf die Gesamtorganisation gilt, dass sie mehr oder weniger stark formalisiert sein kann, die Organisation also die Konformität mit mehr oder weniger ihrer Erwartungen zur Mindestbedingung des Verbleibs in der Organisation machen kann (Luhmann 1964: 38f.).

Was Unternehmen von ihren Mitgliedern erwarten: Die Anerkennung entschiedener Entscheidungsprämissen

Was Unternehmen im Einzelnen von ihren Mitgliedern erwarten, ist eine empirische Frage. Arbeitsverträge, Stellenbeschreibungen, Handbücher, Reglements aber auch Organigramme oder Terminkalender, die sich wie selbstverständlich durch Sekretariate oder Kollegen füllen, sind Manifestationen der Formalstruktur des Unternehmens. Wichtig zu sehen ist aber, dass nicht alle formalisierten Erwartungen im Vorfeld bereits expliziert und konkretisiert sind. Stattdessen gehört die Toleranz für uneindeutig formulierte Erwartungen und für Änderungen im Erwartungsset ebenfalls zu den formalisierten Erwartungen. In der Organisationsforschung spricht man daher auch von einer *Indifferenzzone*, innerhalb derer Mitglieder situative Erwartungsanpassungen hinnehmen (Barnard 1960[1938]: 167ff.; siehe auch March und Simon 1993: 110). Solche situativen Erwartungsanpassungen – und mithin schon die Unterbestimmtheit der Erwartungen selbst – sind für Unternehmen insofern wichtig und unvermeidbar, als sie es erst ermöglichen, auf unerwartete Situationen oder geänderte Umstände flexibel zu reagieren. Die Grenzen dieser Indifferenzzone sind dabei jedoch nicht eindeutig bestimmt, sondern zeigen sich erst in Konfliktsituationen.

Ein höheres analytisches Auflösungsvermögen lässt sich nun gewinnen, wenn man die formale Unternehmensstruktur als entschiedene Entscheidungsprämissen versteht (Luhmann 2009a; 2000: 222-329; Kühl 2011: 102-109). Mit dem bereits in Kapitel 2.2 angesprochenen Begriff der Entscheidungsprämisse ist auf den Umstand verwiesen, dass Unternehmen nicht nur situativ Entscheidungen treffen, sondern sie auch solche Entscheidungen treffen, die das zukünftige Entscheiden in einer Vielzahl konkreter Situationen strukturieren. Unterschieden werden dabei Entscheidungsprogramme, Kommunikationswege und Personal als drei Typen von Entscheidungsprämissen.

Die Entscheidungsprämissen des Unternehmens – Strukturen des Informierens und Entscheidens

Für alle drei Typen von Entscheidungsprämissen gilt, dass sie im Kontext von Unternehmen in mindestens zweierlei Hinsicht bedeutsam sind. Zum einen dienen sie der *Orientierung von Entscheidungen*, zum anderen der *Vorzeichnung von Informationsflüssen*. Beides gehört zusammen.

Entscheidungen orientieren. Wie für alle Strukturen gilt auch mit Blick auf Entscheidungsprämissen, dass sie eine Entlastungsfunktion erfüllen, indem sie Möglichkeitsbereiche für Entscheidungen einschränken. Entscheidungsprämissen sind Entscheidungen, die viele weitere Entscheidungen instruieren, so dass nicht in jeder Entscheidungssituation buchstäblich *alles* neu betrachtet und entschieden werden muss. Gerade angesichts des Umstandes, dass Unternehmen über ein hohes Maß an Entscheidungsautonomie verfügen, werden Entscheidungsprämissen bedeutsam, um den Entscheidungsbedarf zu reduzieren. Gleichwohl determinieren Entscheidungsprämissen Entscheidungen nicht. Sie ersetzen sie daher auch nicht. Vielmehr werden Entscheidungssituationen zwar vorstrukturiert, aber dennoch für situative Informationslagen sensibel gehalten. Vor diesem Hintergrund heißt ‚Entlastung von Entscheidungsbedarf' nicht allein (und nicht einmal in erster Linie) die Reduktion von Entscheidungssituationen, sondern vor allem die Entlastung jeweiliger Entscheidungssituationen von der Suche nach angemessenen Kriterien des Entscheidens. So besehen leisten die Entscheidungsprämissen einen Beitrag zum Umgang des Unternehmens mit den autonomiebedingten Entscheidungs-*zumutungen*. Der Dienstweg ist bekannt und er gilt ebenso für eine Vielzahl von zukünftigen Entscheidungen, wie dies auch für die Bedingungen gilt, unter denen Preisnachlässe an Kunden oder Auskünfte an Journalisten gewährt werden.

Informationsflüsse vorzeichnen. Entscheidungen zu treffen bedeutet immer auch, diese vorzubereiten. Konzepte sind im Vorfeld von Meetings zu lesen oder in Form von Vorträgen zur Kenntnis zu nehmen, Unterstützer für eigene Positionen müssen gewonnen werden und die getroffene Entscheidung muss allen relevanten, also allen von ihr betroffenen Stellen, zugänglich gemacht werden. All dies basiert auf Informationsflüssen, die ebenfalls durch Entscheidungsprämissen vorgezeichnet werden. Während Informationen einerseits wichtig sind, um überhaupt eine Grundlage (oder gar einen Anlass) für eine Entscheidung zu haben, bergen sie auf der anderen Seite auch die Gefahr der Überforderung. Informationen sind häufig mehrdeutig und interpretationsbedürftig. Um die damit verbundene Unsicherheit zu reduzieren, werden sie auf in den Entscheidungsprämissen vorgezeichneten Wegen verdichtet, so dass sie für das Unternehmen eine „noise reduction" (Stinchcombe 1990: 10) leisten. Diese Funktion bezieht sich einerseits auf den Informationsfluss innerhalb des Unternehmens: Dass in einem Unternehmen nicht jeder alles wissen muss, ist einer der Grundpfeiler der Leistungsfähigkeit von Arbeitsteilung. Die Funktion der ‚noise reduction' bezieht sich aber auch auf die Frage, welche Informationen überhaupt Eingang in die Entscheidungsprozesse des Unternehmens finden. Wenngleich Unternehmen bzw. deren Mitglieder eher dazu tendieren, zu viel als zu wenig Informationen zu sammeln (Feldman und March 1981), kommt doch nicht Beliebiges als Information in Frage. Wieder sind es die Entscheidungsprämissen, die als „Ursachenkarten" (Weick 1985) wirksam werden, also als Vorstellungen darüber, wie die (Um-)Welt, in der sich ein Unternehmen bewegt, funktioniert und welche Beobachtungen dementsprechend grundsätzlich einen Informationswert haben könnten. Im Folgenden werden wir uns nun die drei Entscheidungsprämissen – Programme, Kommunikationswege und Personal – genauer ansehen. Dabei interessiert besonders, inwiefern die Funktionen der Entscheidungsorientierung und des Vorzeichnens von Informationsflüssen in ihnen mit Blick auf die Bearbeitung unternehmenstypischer Probleme realisiert werden sowie welche Folgeprobleme aus diesen Formen der Problembearbeitung für Unternehmen erwachsen.

Entscheidungsprogramme

Eine erste Möglichkeit, Entscheidungen zu orientieren und Informationsflüsse vorzuzeichnen, besteht für Unternehmen darin, Entscheidungsprogramme einzurichten. Entscheidungsprogramme können als *Richtigkeitsregeln des Entscheidens* verstanden werden. Sie stellen Gesichtspunkte bereit, die bei der Entscheidungsfindung in Rechnung zu stellen sind und sie können dementsprechend den Entscheider gegen kritische Nachfragen schützen. Wer sich an den Entscheidungsprogrammen orientiert, dem ist erst einmal nichts vorzuwerfen. Zu unterscheiden sind in diesem Zusammenhang zwei Typen von Entscheidungsprogrammen: Konditionalprogramme und Zweckprogramme (Luhmann 2000: 256-278).

Konditionalprogramme folgen einer ‚wenn-dann‘-Logik. Sie spielen auch in Unternehmen eine wichtige Rolle, weil sie es erlauben, im Vorfeld festzulegen, welche Konsequenzen regelmäßig auftretende Situationen haben sollen. Die Abläufe der Personalrekrutierung (z. B. ‚wenn Bewerbungen ohne Bild oder mit mangelhafter Orthographie eingehen, *dann* werden sie nicht berücksichtigt‘), die Gewährung von Preisnachlässen (z. B. ‚wenn der Kunde im letzten Geschäftsjahr für mindestens 5.000,- Euro bestellt hat, *dann* dürfen ihm 6 % Rabatt gewährt werden‘), Kulanzregelungen im Reklamationsfall (z. B. ‚wenn ein Produkt zurückgegeben wird, *dann* erhält der Kunde ein Austauschprodukt aber nicht das Geld zurück‘) – all diese und viele weitere in Unternehmen anfallende Entscheidungen können mit Hilfe von Konditionalprogrammen vorgezeichnet werden. Ersetzen können sie die Entscheidungen aber nicht, weil in der Regel Interpretations- und Auslegungsprobleme bewältigt werden müssen, wenn es darum geht, die Regeln auf konkrete und mehrdeutige Fälle anzuwenden.

Zweckprogramme folgen einer ‚um-zu‘-Logik. Sie definieren Ziele, lassen die Wahl der Mittel aber weitestgehend offen. ‚Steigere den Umsatz um 8 %‘; ‚Reduziere den Ausschuss um 3 %‘ oder ‚Entwickele eine Strategie für das Online-Marketing‘ wären Beispiele für solche Ziele. Wie diese Ziele dann konkret erreicht werden, bleibt dem jeweiligen Mitarbeiter überlassen. Im Managementdiskurs haben Zweckprogramme vor allem im Rahmen des so genannten ‚Management by Objectives‘ an

Prominenz gewonnen (Drucker 1998). Die Idee dahinter ist, dass es für die Steuerung von Unternehmen vorteilhaft sei, Ziele zu vereinbaren, anstatt viele Details vorzuschreiben. Übersehen wird dabei bisweilen, dass Ziele auch miteinander in Konflikt geraten können. Unternehmen haben viele Ziele, die jedoch nicht immer miteinander vereinbar sind, oder die nicht ohne Weiteres zugleich erreichbar sind. So lassen sich etwa Qualität und Effizienz nur schwer parallel steigern, da das eine oft nur auf Kosten des anderen zu haben ist. Aus Mitarbeiterperspektive ist die bloße Festlegung von Zwecken eine Zumutung, da er für die (vermeintlichen) Ergebnisse seiner Entscheidungen zur Verantwortung gezogen werden kann – selbst dann, wenn die Ergebnisse das Resultat des Zusammenspiels vieler Beteiligter sein mögen und sich einzelne Entscheidungsfolgen eigentlich gar nicht zurechnen und gewichten lassen (vgl. für den Fall der Bankenaufsicht Kette 2014).

Beiden Programmtypen gemein ist, dass sie in je spezifischer Weise strukturell ignorant sind – wenngleich in unterschiedlichen Hinsichten. Die Ignoranz der Konditionalprogramme zeigt sich darin, dass sie nur jene Fälle berücksichtigen, die als ‚wenn'-Bedingung vorgesehen sind. Ein Unternehmen, das über keinerlei Rabattregelungen verfügt, wird bei einer entsprechenden Anfrage natürlich trotzdem eine Entscheidung treffen müssen. Diese kann sich dann jedoch nicht an einem Konditionalprogramm orientieren, sondern muss entweder im Hinblick auf allgemeinere Zweckprogramme oder durch Inanspruchnahme anderer Entscheidungsprämissen entschieden werden. Insofern sind Konditionalprogramme ignorant gegenüber Ausnahmefällen und Überraschungen. Zweckprogramme sind ignorant gegenüber den sonstigen Wirkungen der eingesetzten Mittel. Wenn das Ziel ‚Kostensenkung' heißt, dann werden sich die entsprechenden Entscheidungen an diesem Ziel orientieren und dabei die sonstigen Effekte der beschlossenen Maßnahmen (etwa auf die Mitarbeiterzufriedenheit) strukturell bedingt ignoriert. Empirisch kommen die beiden Programmtypen in unterschiedlichen Kombinationen und Verschachtelungen vor (Luhmann 1968), so dass relativ schnell recht komplexe Programmarchitekturen entstehen.

Zum Problem werden solche Verschachtelungen von Entscheidungsprogrammen, wenn sie im Zuge von Digitalisierungsprojekten in IT-Programme überführt werden sollen. Dann zeigt sich schnell, dass organisationale Entscheidungsprogramme etwas anderes sind als informationstechnische Programme (Mormann 2013). Digitalisierung lässt daher stets Übersetzungsleistungen erforderlich werden, die kommunikativ bewältigt werden müssen und dementsprechend auch misslingen können. In diesen Fällen macht die digitale Explikation und Fixierung von Entscheidungsprogrammen auf die grundsätzlichen Grenzen der Programmierung aufmerksam. Dies gilt spätestens dann, wenn sich die informationstechnisch kodifizierten Entscheidungsprogramme im Arbeitsalltag der Anwender als besonders rigide erweisen – sei es, weil Pflichtfelder auszufüllen sind, obwohl die Umstände keine sinnvollen Eingaben hergeben, oder weil eigentlich notwendige Eingabefelder in den Eingabemasken fehlen, so dass bestimmte Informationen nicht mitgeteilt werden können, obwohl sie wichtig sein mögen (Mormann 2016). Im Extremfall kann dies so weit gehen, dass die Leistungsfähigkeit des gesamten Unternehmens davon abhängt, dass die Mitglieder Arbeits- und Kommunikationsroutinen jenseits der formalen Pfade entwickeln (siehe dazu Abschnitt 3.2).

Kommunikationswege

Auch Kommunikationswege, als zweiter Typ von Entscheidungsprämisse, zeichnen Informationsflüsse und Entscheidungen vor. Anders als Entscheidungsprogramme, die Entscheidungen und Informationen in sachlicher Hinsicht einschränken und orientieren, regeln die Kommunikationswege Entscheidungs*kompetenzen*. Mit ihnen werden die „legitimen Kontaktpunkte" (Kühl 2011: 105) zwischen den einzelnen Stellen im Unternehmen festgelegt. Damit zielen die Kommunikationswege auf die Sozialdimension ab. Infrage steht dann, wer bzw. welche Stelle(n) in welchen Fällen Entscheidungen treffen dürfen – oder dies gar müssen. Sowohl die Hierarchie eines Unternehmens als auch möglicherweise zugewiesene Mitzeichnungsrechte oder Projektstrukturen sind konkrete Ausgestaltungen der Kommunikationswege. Eine Strukturierungswirkung entfalten auch die Kommunikationswege, indem sie die prinzipiell vorhandenen Kommunikations- und Informationsmöglichkeiten im Unternehmen faktisch einschränken. Dies entlastet die Mitglieder, weil sie nicht mit allen Kollegen über alles sprechen müssen, sondern sie sich an Zuständigkeiten halten können. Die Beschränkung legitimer Kontakte innerhalb des Unternehmens wirkt zudem komplexitätsreduzierend, da Experten und Entscheider nicht fallweise bestimmt werden müssen, sondern Zuständigkeiten generalisiert für eine Vielzahl von Entscheidungen vorab definiert werden. In sozialer Hinsicht reduziert dies die Gefahr von Konflikten, da ein permanentes Kompetenzgerangel durch die Festschreibung von Zuständigkeiten verhindert wird. Zudem ist diese Zuständigkeitsstruktur als Teil der Formalstruktur besonders abgestützt, da ihre Anerkennung zur Mitgliedschaftsbedingung gemacht wird (Kühl 2011: 105ff.).

Darüber hinaus vereinfachen Kommunikationswegregelungen es Unternehmen, von konkreten Personen abzusehen. Insofern Vertretungen (z. B. im Falle von Krankheit oder Urlaub) mitgeregelt sind, bleibt das Unternehmen auch dann entscheidungs- und mithin handlungsfähig, wenn etablierte Kooperationsbeziehungen unter einander persönlich Bekannten vorübergehend ausfallen und nun Unbekannte sich wechselseitig informieren und abstimmen müssen (Vogel 2013). Die generalisierte Zuständigkeitsgewissheit entlastet dabei von situativen Kompetenzprüfungen (Kette 2011): Auch die Urlaubsvertretung bekommt die Zahlen, obwohl man die Person möglicherweise gar nicht kennt.

Bei der Analyse wie auch der Gestaltung der Kommunikationswege sind zwei Dimensionen zu unterscheiden: die vertikale Differenzierung in mehr oder weniger Hierarchieebenen sowie die horizontale Differenzierung in Abteilungen.

Vertikale Differenzierung. Die Anordnung von Stellen im Modus einer Über- und Unterordnung ist für praktisch alle formalen Organisationen kennzeichnend. Für Unternehmen gilt dies erst recht. Unternehmen sind in besonderem Maße demokratieavers. Wenngleich Debatten um „flache Hierarchien" oder eine „partizipative Führung" seit einiger Zeit geführt werden und Ideen zum „demokratischen Unternehmen" (Sattelberger et al. 2015) in jüngerer Zeit an Aufmerksamkeit gewinnen, muss man doch skeptisch sein, ob Unternehmen vom Prinzip der Hierarchie tatsächlich absehen können (Kühl 2015). Der Hauptvorteil der Hierarchie liegt dabei darin, Konflikte entscheidbar zu machen. Zwar kommen auch in Unternehmen Konflikte vor – und sie sind teilweise sogar ihrerseits formal freigegeben, etwa im Rahmen von Brainstormings, Teamsitzungen, Strategieworkshops und Ähnlichem. Die hierarchische Struktur verhindert aber, dass diese Konflikte ausufern. Man muss lediglich die hierarchische Struktur soweit nach oben verfolgen, bis der gemeinsame Vorgesetzte gefunden ist und kennt den Ort, an dem der Konflikt spätestens einer Entscheidung zugeführt werden kann und das System somit nicht weiter von diesem belastet wird. Selbst wenn die Unternehmenspraxis bisweilen anders aussehen mag, so sind Hierarchien doch eine wichtige Strukturvoraussetzung dafür, dass offener Widerspruch außerhalb dafür vorgesehener Sonderzonen unwahrscheinlich wird und dass dort, wo er dennoch vorkommt, zügig und für alle bindend entschieden werden kann – jedenfalls im Prinzip.

Horizontale Differenzierung. Neben einer hierarchischen Ordnung findet sich in Unternehmen regelmäßig auch das Prinzip der Arbeitsteilung. Dieses kann sich entweder in der exklusiven Zuweisung von (Teil-)Aufgaben zu einzelnen Stellen ausdrücken, oder – im Kontext größerer Unternehmen – dadurch realisieren, dass Aufgaben zu Abteilungen, also zu Gruppen von Stellen zusammengefasst werden. In beiden Fällen entlastet sich das Unternehmen durch die horizontale Differenzierung von der Notwendigkeit, dass *alle* Mitglieder ständig über *alles* informiert sein müssen. Diese Form der Differenzierung trägt damit auch weniger dem Problem Rechnung, schnell entscheiden zu können, als vielmehr dem Problem, sachlich informiert entscheiden zu können. Die Differenzierung entlang von Aufgaben führt zur Spezialisierung und steigert damit das erreichbare Informationsniveau. So ist interne Arbeitsteilung mit der Chance verbunden, keine der für das Unternehmen bedeutsamen Unsicherheiten zu übersehen, sie mithin rechtzeitig bearbeiten und dann als ‚brauchbare Informationen' in den übergreifenden Kommunikations- und

Entscheidungszusammenhang des Unternehmens einspeisen zu können (Stinch-combe 1990: 7ff.).

Aus systemtheoretischer Perspektive bedeutet dies, dass in Unternehmen ganz unterschiedliche Perspektiven zusammenkommen. Die Forschungs- und Entwick-lungsabteilung wird mit Blick auf neu zu entwickelnde Produkte andere Aspekte für wichtig halten als das Marketing oder die Rechtsabteilung. Dieser Perspekti-venvielfalt mag einerseits ein hohes Konfliktpotential innewohnen. Und sie mag auch Ressortpartikularismen befördern, also dazu beitragen, dass die einzelnen Abteilungen ihre eigenen Aufgaben für die wichtigsten halten (Cyert und March 1992[1963]). Andererseits trägt die horizontale Differenzierung wesentlich zu dem bei, was Niklas Luhmann (1977) „Systemrationalität" nennt: dass unterschiedliche und in Teilen auch widersprüchliche Umweltanforderungen in Entscheidungspro-zessen überhaupt in Rechnung gestellt werden können. Mit Blick auf das Beispiel einer Produktneuentwicklung hieße dies etwa technische Möglichkeiten und Be-schränkungen, Erkenntnisse aus Marktstudien und auch noch rechtliche Aspekte in den Prozess der Entscheidungsfindung einbeziehen zu können.

Ein neuerer Trend in Unternehmen geht dahin, Arbeit in *Projektteams* zu organisieren (Besio 2009: Kap. 5). Dort, wo dies nicht bloße Rhetorik ist, um sich den Anstrich des modernen zu geben, können Projektteams unter Informations-gesichtspunkten gegenüber einer klassischen Abteilungsstruktur im Vorteil sein – und dies in zweifacher Hinsicht. Zum einen kommen in abteilungsübergreifenden Projektteams unterschiedliche Perspektiven miteinander ins Gespräch. Damit sind zwar nicht per se adäquatere Entscheidungen verbunden, aber schon der Austausch über die verschiedenen Ansichten mag ein Verständnis für die Kom-plexität des Problems und bisweilen auch gänzlich neue Perspektiven auf dieses entstehen lassen. Zum anderen begegnet die Projektstruktur einem Problem, das im Zusammenhang stark ausgeprägter Hierarchien regelmäßig auftritt: Dem *Auseinanderfallen von Sachkompetenz und Entscheidungsbefugnis.* Die Befugnis, weitreichende Entscheidungen treffen zu dürfen, ist in der Regel relativ weit oben in der Hierarchie konzentriert. Ein Großteil der relevanten Informationen, die als Grundlage für solche Entscheidungen dienen könnten, fällt hingegen bei jenen Stellen an, die mit dem operativen Tagesgeschäft befasst sind – also relativ weit unten in der Hierarchie. Das Problem dieser Konstellation für Unternehmen besteht darin, dass es angesichts dieser Ausgangslage leicht zu ‚Fehlanpassungen' kommen kann – nämlich dann, wenn die Informationen es aufgrund einer wenig umsichtigen Führung, schlichter Bequemlichkeit oder sonstiger Hürden für eine ‚Initiative-von-Unten' nicht zu den Entscheidern nach oben schafft. Projektstruk-turen sind bei geschickter Zusammensetzung der Teilnehmer besser auf dieses Problem eingestellt.

Ein weiterer Aspekt im Zusammenhang mit Projekten ist ihre zeitliche Struktur. Anders als Unternehmen, die prinzipiell auf Dauer angelegt sind, handelt es sich bei Projekten immer um eine zeitlich befristete Struktur zur Erreichung eines definierten Ziels. Wenngleich sowohl das Ziel wie auch die Laufzeit im Projektverlauf angepasst werden können, führen Projekte doch immer zu einer sachlichen Fokussierung bei gleichzeitiger Verknappung der Zeit (Luhmann 1971). Schon die Tatsache, dass Fristen und Deadlines eingehalten werden und ‚Milestones' erreicht werden müssen, mag dann dazu beitragen, dass überhaupt etwas geschieht und die Dinge nicht in den Sorgen des Alltags versanden.

Personal

Angesichts dessen, was Entscheidungsprogramme und Kommunikationswege für die Orientierung von Entscheidungen leisten, scheint es verwunderlich, dass Unternehmen mit Assessment Centern, Auswahlgesprächen, Einstellungstests und vielen weiteren Instrumenten eine derart aufwendige Personalauswahl betreiben. Schließlich, so könnte man meinen, macht es für das Unternehmen gar keinen großen Unterschied, welche Person konkret eine Stelle besetzt. Dies ist in weiten Teilen auch zutreffend. Organisationen sind weit weniger empfindlich für personellen Wechsel als dies etwa für Gruppen oder Familien gilt. Während bei Letztgenannten jeder Fortzug oder Tod eine Leerstelle hinterlässt und oft mit Gefühlen der Unersetzbarkeit einhergeht, gehört der personelle Wechsel in Unternehmen zum Normalfall. Dennoch erhielte man ein unrealistisches Bild, würde man die personalen Entscheidungsbeiträge ignorieren.

Während Entscheidungsprogramme als Richtigkeitsregeln des Entscheidens verstanden werden können und die Kommunikationswege als Verteilung von Entscheidungskompetenzen, verweist die Entscheidungsprämisse Personal auf die *Entscheidungsbeiträge* der Organisationsmitglieder. Grundlegend angesprochen ist damit zunächst einmal der Umstand, dass Entscheidungen nicht allein schon durch die Einrichtung von Entscheidungsprogrammen und Kommunikationswegen zustande kommen, sondern dass auch noch von einer oder mehreren Personen entschieden werden muss. Das Personal aber als Entscheidungsprämisse und mithin als Teil der organisationalen Formalstruktur zu behandeln, ist nicht selbstverständlich. Plausibel wird diese Perspektive, wenn man sieht, dass auch mit der Entscheidung über Personal eine Vielzahl weiterer Entscheidungen vorgezeichnet wird. Dabei spielt im Kontext von Unternehmen weniger die Person in ihrer vollen Individualität eine Rolle, als vielmehr eine Orientierung an Typen von Personen. Gesucht werden dann z. B. Juristen (statt Soziologen oder Ingenieuren), Personen mit Erfahrung (z. B. im fraglichen Tätigkeitsfeld oder im Ausland), Personen mit

‚einer starken Führungspersönlichkeit' oder (wenngleich kaum noch offiziell) Personen männlichen bzw. weiblichen Geschlechts. Solche Präferenzen werden zumeist bereits im Rahmen von Stellenausschreibungen expliziert. Ihnen liegt die Annahme zu Grunde, dass mit den entsprechenden biographischen Hintergründen, den vorhandenen ‚Soft-Skills' oder ihren askriptiven Merkmalen typische Entscheidungs*stile* verbunden seien. Strukturwert gewinnen diese Entscheidungsstile insofern, als sie sich in einer ganzen Reihe von Entscheidungssituationen niederschlagen. Dies betrifft sowohl die fallweise Auslegung von Konditionalprogrammen wie auch die Suche nach Mitteln im Kontext von Zweckprogrammen. Ob jemand eher Kosten, technische Visionen, rechtliche Bedenken oder Absatzchancen sieht, wenn es um die Entwicklung neuer Produkte geht, hängt wesentlich auch davon ab, welchen Ausbildungshintergrund eine Person hat. Insofern erzeugen auch Personalentscheidungen eine (partielle) Erwartungssicherheit bezüglich einer Vielzahl von Entscheidungssituationen.

Zum Verhältnis der drei Typen von Entscheidungsprämissen im Kontext von Unternehmen

Die drei Typen von Entscheidungsprämissen finden sich in allen Organisationstypen. Und wenngleich weder Entscheidungsprogramme noch Kommunikationswegeregelungen oder Personal vollständig verzichtbar sind, können sie einander doch ein Stückweit substituieren. Ein nur gering ausgearbeitetes Geflecht von Entscheidungsprogrammen mag durch klare Zuständigkeits- und Kompetenzverteilungen, also durch die Inanspruchnahme der Kommunikationswege, kompensiert werden. Und die Neubesetzung von Stellen bleibt wohl gerade dort relativ folgenlos, wo die Entscheidungsprogramme eine so stark orientierende Rolle haben, dass die Entscheidungsprämisse Personal ohnehin marginalisiert ist. In diesem Sinne finden sich Organisationstypen, die sich primär über ihre Entscheidungsprogramme (Verwaltungen), ihre Kommunikationswege (Militär) oder über ihr Personal (Parteien) strukturieren.

Eine solche Prädisposition für die Führung eines bestimmten Entscheidungsprämissentyps findet sich mit Blick auf Unternehmen nicht. Vielmehr gilt auch hinsichtlich der Entscheidungsprämissen, was wir bereits im Zusammenhang mit der Entscheidungsautonomie festgestellt haben: Unternehmen können relativ autonom über ihre eigenen Strukturen entscheiden. Als Organisationstyp ist das Unternehmen durch eine beachtliche Polymorphie gekennzeichnet. Flache Hierarchien finden sich ebenso wie charismatische Firmenkapitäne oder aufwendig orchestrierte Programmarchitekturen.

Wieso Erwartungen formalisieren? Funktionen der Formalität

Formalisierte Strukturen in dem hier beschriebenen Sinne finden sich in allen Unternehmen – wenngleich sie sich in ihrer konkreten Ausgestaltung erheblich unterscheiden mögen. Wenn es sich bei dem Prinzip der Formalisierung aber um einen derart verbreiteten Mechanismus in Unternehmen handelt, stellt sich die Frage, welche Funktionen damit erfüllt werden. In welchen Hinsichten und wie genau tragen also die Einrichtung von Entscheidungsprämissen und die Formalisierung von Erwartungen zur Bearbeitung von Problemen bei, die mit Blick auf Unternehmen regelmäßig zu finden sind?

Rücksichtslose Flexibilität: Zur Adaptivitätsfunktion der Zweck-Motiv-Trennung

Bereits im Kapitel 2 wurde deutlich, dass Unternehmen unter einem gewissen Innovations- und Flexibilitätsdruck stehen. Da sie sich aus dem Verkauf der von ihnen erstellten Leistungen refinanzieren und sie sich in Konkurrenz zu anderen Unternehmen befinden, müssen sie sich stets auf veränderte Verhältnisse einstellen können. In diesem Zusammenhang spielt Formalisierung eine zentrale Rolle. Zwar kann Formalisierung nicht sicherstellen, dass Unternehmen sich tatsächlich in die ‚richtige' Richtung entwickeln oder dass die von ihnen entwickelten Innovationen tatsächlich am Markt erfolgreich sind. Aber der Mechanismus der Formalisierung stellt eine wichtige Strukturvoraussetzung dar, damit Unternehmen überhaupt flexibel auf veränderte Marktumfelder, technologische Entwicklungen, rechtliche Regulierungen oder sonstige veränderte Umweltbedingungen reagieren können. Deutlich wird dies bei einem genaueren Blick auf die Voraussetzungen von Flexibilität.

Flexibilität ist ein schillerndes Schlagwort, das selten genauer hinterfragt wird. Schaut man sich aber an, was damit im engeren Sinne gemeint ist, so zeigt sich, dass Flexibilität sich vor allem auf das Potential zur Selbständerung bezieht. In ungewohnten Situationen flexibel reagieren zu können, bedeutet eben vor allem, andere als die gewohnten Verhaltensweisen an den Tag zu legen. Dies gilt für den gestrandeten Robinson Crusoe, der sich in einer gänzlich unvertrauten Umgebung wiederfindet, ebenso wie für Unternehmen, die sich in einer turbulenten Marktumwelt bewegen. Wenn sich die Umstände nicht den eigenen Präferenzen anpassen lassen, dann kann Anpassung nur bedeuten, sich selbst den gewandelten Umständen anzupassen.

Im Kontext von Organisationen setzt eine solche Änderung auch die Akzeptanz der Mitglieder voraus. Genau dieses leistet der Formalisierungsmechanismus, indem die Toleranz für bzw. die Indifferenz gegenüber Strukturveränderungen selbst zum Teil der Mitgliedschaftsbedingungen werden. Den Anordnungen des neuen Chefs ist genauso Rechnung zu tragen wie jenen des Vorgängers – auch wenn man den neuen Chef nicht mag oder ihn für inkompetent hält. Und auch die Zusammenlegung oder Reorganisation der Abteilungsstruktur ist genauso hinzunehmen wie Veränderungen in den Unternehmenszwecken. Auch wenn all diese Veränderungen faktisch Unmut mit sich bringen mögen, kann doch niemand legitimer Weise offen gegen sie protestieren.

In der organisationswissenschaftlichen Literatur wird diese Indifferenz unter dem Stichwort ‚Zweck-Motiv-Trennung' diskutiert. Dieser Ausdruck macht darauf aufmerksam, dass es im Kontext formaler Organisationen nicht die Zwecke sind, die zur Mitgliedschaft und Leistung motivieren, sondern indirekte Anreize. Im Kontext von Unternehmen sind das typischerweise Lohnzahlungen, also Geld. Damit ist natürlich nicht ausgeschlossen, dass manch einer vor allem gern seinen Beitrag zur Produktion von Autos oder erneuerbarer Energie leisten möchte und die Lohnzahlung für ihn von nachrangiger Bedeutung ist – für das Unternehmen spielt dies jedoch allenfalls eine sekundäre Rolle. Ohne die konkreten Motive zu kennen, können Unternehmen unterstellen, dass ihre Mitglieder die formalen Erwartungen anerkennen – allein schon, weil sie Mitglied sind. Und genau deswegen kann sich das Unternehmen auch ohne Rücksicht auf die Präferenzen und Motive seiner Mitglieder flexibel an veränderte Umweltbedingungen anpassen.

Selektive Relevanzen: Zur Welterschließungsfunktion der Entscheidungsprämissen

Die Möglichkeit der Anpassung an eine sich ändernde Umwelt ist für Unternehmen von zentraler Bedeutung und wird auch in der entsprechenden Managementliteratur häufig beschworen. Flexibilität selbst kann jedoch keine hinreichende Antwort auf die Herausforderungen sich wandelnder Bedingungen sein. Schließlich bedeutet Flexibilität zunächst nur, dass Selbständerungen möglich sind. Es schließt sich aber sofort die Frage an: In welche Richtung sollen Änderungen erfolgen?

Auch mit Blick auf diese Frage erweisen sich die Entscheidungsprämissen der Formalstruktur als funktional. Wir hatten schon in Kapitel 2.2 gesehen, dass die Entscheidungsautonomie des Unternehmens auch als Entscheidungszumutung und als gesteigerte Form der Unsicherheit verstanden werden muss. Gerade weil Unternehmen nur sehr wenige Einschränkungen durch ihre Umwelt erfahren, müssen sie selbst immer wieder Kriterien entwickeln, die in Entscheidungsprozessen von Relevanz sein sollen. In diesem Zusammenhang ergibt sich für Unternehmen jedoch ein Dilemma. So liegt es zwar nahe, so viele Informationen wie möglich über die Umwelt zu sammeln, weil alles potentiell bedeutsam sein könnte: die Produkte der Konkurrenz, die – wie auch immer gemessene – Zufriedenheit der eigenen

Kunden, die Entwicklung des Ölpreises oder der Arbeitslosenzahlen, Debatten über politische Regulierungsinitiativen, Kampagnen von NGOs und vieles Weitere. Verbunden ist mit dieser ausufernden Informationssuche jedoch stets die Gefahr eines ‚information overload' (Toffler 1970): Man sammelt so viele Informationen, dass man sie beim besten Willen nicht mehr auswerten, geschweige denn sinnvolle Schlüsse aus ihnen ziehen könnte, die ein brauchbares Bild der Gesamtlage ergäben.

Entscheidungsprämissen tragen maßgeblich dazu bei, die Entscheidungs- und Informationslast von Unternehmen zu reduzieren. Anstatt permanent über alles entscheiden und sämtliche Informationen sammeln zu müssen, strukturieren Entscheidungsprämissen die Welt, indem sie Relevanzen fixieren und damit einen selektiven Zugriff auf die Welt ermöglichen. Mit der Festlegung von Entscheidungsprämissen setzen sich Unternehmen gleichsam eine Brille auf, durch die bestimmte Informationen als wichtig, andere als unwichtig erscheinen und wieder anderes nicht einmal überhaupt als Information erkannt wird. Dies lässt sich mit Blick auf alle drei Typen von Entscheidungsprämissen nachvollziehen.

So lassen sich die ‚Wenn'-Komponenten von *Konditionalprogrammen* als Kriterien verstehen, die angeben, welche Informationen relevant sind und welche nicht. Wenn sich etwa die Entscheidung über Preisnachlässe am Umsatzvolumen des abgelaufenen Geschäftsjahres orientiert, kann die Prognose über zukünftige Umsätze bei der Entscheidung außer Acht gelassen werden. *Zweckprogramme* erfüllen eine einschränkende Funktion, indem sie bedeutsame Zwecke von unbedeutenden unterscheiden. Aber auch die Festlegung von Zuständigkeiten im Rahmen der *Kommunikationswegregelungen* trägt aus einer systemischen Perspektive zur Informationsselektion bei, da sie einschränkt, wer über was informiert sein muss. Und schließlich wirkt auch die Prämisse *Personal* selektiv, da Ausbildungshintergründe und damit verbundene Perspektiven Präferenzen für bestimmte Informationen und deren Verarbeitung nahelegen.

Zusammengenommen bedeutet dies, dass die Entscheidungsprämissen eine zentrale Rolle spielen, um die Komplexität der Umwelt in eine für das Unternehmen handhabbare Fassung zu bringen. Ja, mehr noch: die Entscheidungsprämissen fungieren als Einrichtungen der Welterschließung. Die selektive Beobachtung der Umwelt sorgt dafür, dass Unternehmen im Prozess der Informationsbeschaffung und -verarbeitung ihr *eigenes* Bild von der Welt konstruieren (Weick 1995; Daft und Weick 1984). Dieses Bild muss zwar nicht der ‚wirklichen Wirklichkeit' entsprechen, es ist aber das einzige, das innerhalb des Unternehmens wirkmächtig wird. Der Erfolg eines Unternehmens ist daher auch keineswegs schon durch die Komplexitätsreduktion sichergestellt, er wird jedoch nur auf dieser Grundlage überhaupt möglich (siehe dazu auch Kühl 2017).

Eindeutige Verantwortlichkeiten: Zur Zurechnungsfunktion von Personen auf Stellen

Formalisierung drängt auf eine Verselbstständigung der Organisation gegenüber ihren Mitgliedern. Zwar haben wir im Zusammenhang mit der Entscheidungsprämisse ‚Personal‘ gesehen, dass auch persönliche Entscheidungsbeiträge in Unternehmen relevant sind. Die Mechanismen der ‚konditionierten Mitgliedschaft‘ und der ‚Zweck-Motiv-Trennung‘ tragen aber dazu bei, dass Unternehmen von den Wünschen, Einstellungen und Befindlichkeiten ihrer Mitglieder weitestgehend absehen und diese unberücksichtigt lassen können. Hinzu kommt, dass Unternehmen sich nicht primär über Personen organisieren. Sie sind zunächst einmal ein Netz aus Stellen und als solches schrumpfen und wachsen Unternehmen – etwa, wenn neue Stellen geschaffen oder bestehende Stellen abgebaut werden (Luhmann 1988a: 311). Stellen erlauben es Unternehmen, auf einem recht abstrakten Niveau Planungen vorzunehmen. Dies vor allem, weil Stellen die bereits diskutierten Entscheidungsprämissen bündeln.

Für jede Stelle sind bestimmte Entscheidungsprogramme relevant oder exklusiv mit ihr verbunden. Die Rabattregelungen sind eine wichtige Entscheidungsregel für Mitarbeiter im Vertrieb, für die IT-Administratoren gelten hingegen eigene Entscheidungsprogramme. Die Rabattregeln müssen sie nicht einmal kennen. Auch Regelungen bezüglich der Kommunikationswege sind mit jeder Stelle verbunden. In Teilen ist dies bereits an Organigrammen ablesbar, die darüber Auskunft geben, welche Stellen zu welchen Abteilungen zusammengefasst sind, welche Stellen in einer Weisungsbeziehung zueinander stehen und welche lediglich Informationsbeziehungen zueinander unterhalten. Ebenfalls am Organigramm ablesbar ist, dass Stellen mit Personen besetzt sind, sie also auch auf die Entscheidungsprämisse Personal verweisen.

Diese Besetzung von Stellen mit Personen findet jedoch in der Regel erst in einem zweiten Schritt statt. Unternehmen schreiben eine Stelle aus, auf die sich *dann* Personen bewerben können. Unternehmen suchen als Organisationen nicht nach den Personen Meier und Müller, sondern nach einem Verkaufsleiter und einem Systemadministrator. Gerade weil Unternehmen sich selbst zunächst auf der abstrakteren Ebene von Stellen beobachten und konkrete Personen erst nachgeordnet Relevanz erlangen, sind Unternehmen auch relativ unempfindlich gegenüber personellem Wechsel. Dieser hat zwar immer auch Folgen und ist keineswegs trivial. Für Unternehmen ist er aber Normalität – sei es aufgrund von Kündigungen, Verrentungen oder Ähnlichem. Und die Orientierung an Stellen sorgt dafür, dass trotz ausgetauschtem Personal und der Tatsache, dass einander Unbekannte miteinander umgehen und kooperieren müssen, eine basale Erwartungssicherheit besteht, die in der Formalstruktur ihren Halt findet.

Die Formalstruktur besitzt innerhalb von Unternehmen ein Legitimitätsmonopol. Sie schafft daher ein Maß an Erwartungssicherheit, das außerhalb von Organisationen in der Regel nur durch die Kenntnis von Personen erreicht werden kann, was vor allem bedeutet, dass dafür viel Zeit erforderlich ist. Trotz all dieser Orientierungen an abstrakten und versachlichten Beziehungen erlangen die konkreten Personen als Stelleninhaber in mindestens einer Hinsicht eine zentrale Bedeutung: als Zurechnungsadressaten von Verantwortlichkeiten.

Gerade weil Unternehmen hierarchisch strukturiert sind, sie Zuständigkeiten entlang von Kommunikationswegen verteilen und Entscheidungsprogramme festlegen, wird es möglich, Fehler auf die entsprechenden Stellen – und in diesem Fall dann auf die Stelleninhaber, also konkrete Personen – zuzurechnen. Selbst und insbesondere, wenn Fehlerursachen unklar sind, können Unternehmen anhaltend negative Geschäftsentwicklungen, Fehlverhalten wie Korruption oder technische Katastrophen (Stichwort: menschliches Versagen) als Verantwortlichkeiten persönlich zurechnen. Dies mag dann konkrete Entscheider betreffen, oder – eher symbolisch – Stellen weiter oben in der Hierarchie, wo dann die ‚politische Verantwortung' übernommen werden muss. In all diesen Fällen kann der Austausch des Personals größere Strukturreformen vermeidbar machen, so dass die Personalisierung von Verantwortlichkeiten ein wichtiger Mechanismus zum Schutz der Systemstrukturen darstellt.

Strukturelle Voraussetzung für die Zurechnung eindeutiger Verantwortlichkeiten ist jedoch, dass einzelne Entscheidungsbeiträge erkennbar bleiben. Auch dies spricht gegen eine uneingeschränkte Ausweitung demokratischer Prinzipien in Unternehmenskontexten. Partizipative Entscheidungsformen führen in der Tendenz dazu, dass eher kollektiv-diffuse anstatt personal-eindeutige Entscheidungsbeiträge sichtbar sind. Individuelle Verantwortlichkeitszuschreibungen werden damit aber schwierig. In jedem Fall würden funktionale Äquivalente erforderlich, um auch noch unter solchen Bedingungen zwischen System und Person unterscheiden zu können.

Formalisierungstendenzen im Alterungsprozess: Die Formalstruktur als Signal der Verlässlichkeit

Bisher haben wir Formalisierung allein aus einer statischen Perspektive betrachtet, so als würden sich manche Unternehmen für mehr, andere für weniger Formalisierung entscheiden. Mit Blick auf einzelne Fälle ist dies sicher auch richtig. Betrachtet man jedoch eine größere Population von Unternehmen, so fallen auch grundlegende temporale Muster der Formalisierung auf: Tendenziell nimmt der Grad an Formalisierung von Unternehmen mit dem Alter zu. Sofern Unternehmen nicht als Abspaltung eines größeren Organisationszusammenhangs aus einem Großunternehmen entstehen, das Unternehmen also tatsächlich neu gegründet wird, beginnt dieses in aller Regel sehr klein. Häufig besteht es zunächst allein aus dem Eigentümer selbst (wobei es sich dann zwar in einem rechtlichen, nicht aber in einem organisationswissenschaftlichen Sinne um eine Organisation handelt), oder aus einer sehr geringen Anzahl von Personen. Die meisten Unternehmen sind in dieser Phase relativ schwach formalisiert und ähneln eher Gruppen, die stark an Personen orientiert sind (Kühl 2002; Tyrell 1983; Neidhardt 1979). Dementsprechend gewinnt in diesen jungen Kleinunternehmen und Start-ups vor allem das Personal Strukturwert: Viele der anfallenden Aufgaben werden eher ad hoc entlang der vorhandenen Kompetenzen auf die Mitglieder verteilt. Verlässliche Kommunikationswege, Zuständigkeiten und auf regelmäßige Anwendung ausgerichtete Entscheidungsprogramme und Regeln entstehen erst mit der Zeit – teilweise als Ergebnis von Planungsentscheidungen, teilweise aber auch durch bloße Wiederholung. Sie schleifen sich quasi hinter dem Rücken der Mitglieder ein und werden allenfalls nachträglich durch eine formale Entscheidung ratifiziert.

Diese schwache Formalisierung junger bzw. kleiner Unternehmen ist unter den Stichworten „liability of newness" (Stinchcombe 1965) bzw. „liability of smallness" (Aldrich und Auster 1986) dafür verantwortlich gemacht worden, dass junge Unternehmen häufiger scheitern als ältere Unternehmen. Erklärt wurde diese Beobachtung damit, dass junge Unternehmen ihrer Umwelt – und mithin auch potentiellen Investoren und Geldgebern – als wenig verlässliche Partner erschienen, da sie schlicht noch keine Gelegenheit hatten, sich eine Reputationsgeschichte aufzubauen. Deswegen falle es ihnen schwer, Kredite zu akquirieren und qualifiziertes Personal für sich zu gewinnen (Freeman et al. 1983). Neuere Untersuchungen legen jedoch nahe, dass sehr junge Unternehmen dieses Problem eine gewisse Zeit lang kompensieren können, weil sie schon zum Zeitpunkt der Unternehmensgründung über einen gewissen Kapitalstock und Netzwerkkontakte verfügen und Geschäftspartner ihnen zunächst einen Vertrauensvorschuss gewähren. Erst wenn Refinanzierungsprobleme kontinuierlich aufs Neue gelöst werden müssen, steigt die Sterberate unter den Unternehmen an. Vor dem Hintergrund dieser Befunde wird auch von einer „liability of adolescence" gesprochen (Fichman und Levinthal 1991; Bruderl und Schussler 1990).

Bei allen Unterschieden im Detail unterstreichen diese Befunde der so genannten Population Ecology Theory doch gemeinsam, dass die Errichtung einer Formalstruktur, also die Umstellung von rein personal getragenen Erwartungsstrukturen auf versachlichte Rollen, gegenüber der Umwelt als Ausweis von Verlässlichkeit und Berechenbarkeit dient. Solche Signale der Verlässlichkeit sind für Unternehmen wichtig, um Geschäftsbeziehungen anbahnen, auf- und ausbauen zu können. Dies kann gerade in Krisenzeiten wichtig sein: Wenn die Kreditentscheidung gerade noch zu Gunsten des Unternehmens ausfällt oder wenn Lieferanten ein längeres

Zahlungsziel einräumen, wird die Bedeutung der Formalisierung für die Bearbeitung von Refinanzierungsproblemen offensichtlich.

Folgen der Formalität

Die zusammengetragenen Funktionen der Formalität laufen darauf hinaus, Unsicherheiten und Mehrdeutigkeiten zu reduzieren und Sicherheiten zu schaffen – sowohl für das Unternehmen selbst wie auch für die Umwelt im Umgang mit dem Unternehmen. Die Formalstruktur, die in ihr angelegten Vorfestlegungen, das durch sie konstruierte Bild von der Umwelt sowie die Zuschreibung eindeutiger Zuständigkeiten und Verantwortlichkeiten reduzieren einerseits den Entscheidungsbedarf im Unternehmen, andererseits aber auch die Komplexität der Entscheidungssituationen. Die Welt erscheint immer schon etwas geordneter, als sie es mutmaßlich tatsächlich ist. Überhaupt nur auf dieser Grundlage gelingt es Unternehmen, die autonomiebedingten Entscheidungszumutungen zu handhaben, ohne dauerhaft von der Flut an Informationen und Entscheidungsnotwendigkeiten überfordert zu sein.

Die Formalisierung von Erwartungen, die Orientierung von Entscheidungen und das Vorzeichnen von Informationen bearbeiten also eines der zentralen Probleme, das sich allen Organisationen des Typs Unternehmen stellt: Sie überführen Komplexität und Unsicherheit in Stabilität und Erwartungssicherheit. Gleichwohl ist diese Form der Problembearbeitung ihrerseits nicht unproblematisch, sondern selbst folgenreich und problembehaftet. Die folgenden Abschnitte nehmen einige dieser Folgen in den Blick.

Das Grundproblem: Offenheit für Neues bewahren

Bei aller Sicherheit und Stabilität, die Unternehmen durch ihre Formalstrukturen gewinnen, bewegen sie sich doch in einer Marktumwelt und damit in Konkurrenz zu anderen Unternehmen. Ein stabiles und eindeutiges Bild von der Welt und die Entlastung von Mehrdeutigkeiten und Unsicherheiten erscheint vor diesem Hintergrund zwar in gewisser Hinsicht komfortabel; sie birgt jedoch auch die Gefahr, sich so weit von den tatsächlichen Verhältnissen abzulösen, dass im Unternehmen gar keine Vorstellung mehr davon herrscht, was in der Welt ‚wirklich' passiert, erwartet und gewünscht wird. Gerade weil die Formalstrukturen einen so großen Einfluss auf die unternehmensinternen Konstruktionen bezüglich der Umwelt haben, immunisieren sie die Organisation auch gegen allzu überraschende Informationen – Informationen, die zur Kenntnis zu nehmen unter Umständen jedoch wichtig sein mag. Dies gilt umso mehr, als Unternehmen im Alterungsprozess nicht allein mehr formale Regeln, Entscheidungsprogramme und Kommunikationswege aufbauen, sondern sie überdies auch zu „struktureller Trägheit" tendieren (Hannan und Freeman 1984), sich ihre Formalstrukturen also zunehmend verfestigen. Gerade wirtschaftlich sehr erfolgreiche Unternehmen haben bisweilen Schwierigkeiten, solche Informationen zu erlangen und sie mit Bedeutung auszustatten, die einen Bedarf an durchgreifenden Veränderungen erkennen lassen würden. In der Organisationsforschung ist von einer „Kompetenz-Falle" die Rede, wenn Unternehmen vor lauter Erfolg blind für Veränderungen werden (Levitt und March 1988: 322). Dies ist besonders dann problematisch, wenn sich ein Unternehmen in turbulenten (Markt-)Umwelten bewegt, die ständige oder – noch problematischer – plötzliche Anpassungen erforderlich werden lassen (Sørensen und Stuart 2000: 106).

Allenfalls sehr spät werden noch dramatische Krisensymptome wahrgenommen, auf die dann zu reagieren umso schwieriger ist. Neue Trends ‚zu verschlafen‘, wie es in der Wirtschaftspresse in solchen Fällen gelegentlich heißt, ist eines der großen Risiken von Unternehmen, die sich über Jahre in ihren Routinen eingerichtet haben. Stabile und stabilisierende Strukturen bergen daher stets die Gefahr, dass Unternehmen ihre Flexibilitäts- und Adaptivitätspotentiale minimieren. Trotz aller Notwendigkeiten zur Reduktion von Unsicherheiten die Offenheit nicht nur für Veränderungen, sondern auch für überraschende Informationen zu bewahren, ist daher eines der zentralen Folgeprobleme, die sich im Zusammenhang mit der Formalstruktur ergeben. Mindestens in zweierlei Hinsichten stellen sich Unternehmen mehr oder weniger auf dieses Problem ein.

Kontingenzprogramme als Institutionen der Selbst-Verunsicherung

Eine erste Form, in der Unternehmen dem Problem der Überstabilität begegnen, besteht in dem Bemühen, die Entscheidungsprogramme in eine umweltsensible und änderungsbereite Form zu bringen. In diesen Fällen nehmen Unternehmen beobachtete Veränderungen in der Umwelt zum Anlass für interne Programmänderungen: die Konkurrenz senkt die Preise – und man versucht ebenfalls, größere Rabatte einzuräumen; computergestützte Fertigungsanlagen versprechen Effizienzgewinne – und man stellt die Produktion entsprechend um. Viel radikaler also als z. B. in öffentlichen Verwaltungen mit ihren rigiden Programmierungen haben viele der konditionalen Entscheidungsprogramme in Unternehmen ihre Gültigkeit lediglich auf Bewährung.

Um solche ‚Umprogrammierungen‘ initiieren zu können, differenzieren Unternehmen spezielle Programme aus, die ihrer Funktion nach explizit auf eine Verunsicherung bestehender Routine- und Zweckprogramme bezogen sind. Solche *Kontingenzprogramme* sollen die nicht-intendierte ‚Selbst-Sedierung‘ des Unternehmens verhindern und eine Offenheit für Überraschungen sicherstellen. Kontingenz bezeichnet dabei ein ‚auch-anders-möglich-sein' der Dinge. Wie wir oben sahen, besteht eine wesentliche Funktion von Entscheidungsprogrammen darin, diese Kontingenz – also die Unsicherheit, ob nicht vielleicht andere Dinge wichtig und andere Informationen relevant sein könnten – zu verdecken: Bestimmte Zwecke werden gesetzt und andere, vielleicht sogar Erfolg versprechendere Ziele werden abgedunkelt. Und auch die ‚wenn-dann'-Bedingungen der Konditionalprogramme diskriminieren nur zwischen programmgemäß (!) relevanten und irrelevanten Ereignissen. Ziele können jedoch unrealistisch sein und nichts als Frustration produzieren. Und die Umweltbedingungen mögen sich soweit gewandelt haben, dass etablierte ‚wenn-dann'-Relationierungen den geänderten Umständen kaum noch angemessen Rechnung tragen können.

Kontingenzprogramme reagieren insofern auf dieses Problem, als sie den Blick für Alternativen öffnen, Zweifel institutionalisieren und Etabliertes (wenigstens potentiell) in Frage stellen. Mit Blick auf die Unternehmensumwelt stellen z. B. Marktbeobachtungen bzw. -analysen oder Produktstudien solche ‚Verunsicherungsprogramme' dar. Entsprechendes findet sich aber auch mit Blick auf die Innenwelt des Unternehmens. Dort sind es insbesondere Controlling- und Accountingprogramme, die Etabliertes immer wieder (wenigstens implizit) in Frage stellen bzw. Gründe für ein solches In-Frage-Stellen liefern und es damit vorbereiten. Vor allem tragen diese Programme dazu bei, Probleme zu markieren (der Marktanteil sinkt dramatisch!), die dann eine Programmänderungsentscheidung provozieren *können*. Welche Entscheidung konkret die Lösung eines bestimmten Problems verspricht und ob entsprechende Problemmarkierungen überhaupt kommunikativ aufgegriffen und von den kompetenten Stellen mit Relevanz ausgestattet werden, können solche Programme selbstverständlich weder beantworten noch garantieren. Sie allein stellen daher auch keineswegs den Erfolg eines Unternehmens sicher. Gleichwohl sind sie eine wichtige Strukturvoraussetzung, um überhaupt Anlässe zur Veränderung und damit zur Anpassung an eine veränderte Umwelt zu schaffen.

Die Alarmierfunktion und das Risiko persönlicher Initiative

Neben dem Versuch, einen Teil der Entscheidungsprogramme so zu gestalten, dass sie regelmäßig Unsicherheit erzeugen und potentiell neue, überraschende Informationen liefern, kommt in Unternehmen mindestens eine weitere Quelle der Selbstverunsicherung vor: die persönliche Initiative. Beschrieben ist damit der Umstand, dass die Mitglieder des Unternehmens über die formalen Minimalanforderungen hinaus Themen und Informationen in den organisationalen Kommunikationsprozess einbringen – sie sich also nicht passiv verhalten, sondern die Initiative ergreifen. Initiatives Verhalten in diesem Sinne ist jedoch seinerseits an strukturelle Voraussetzungen gebunden.

Ganz grundsätzlich gilt zunächst einmal, dass Mitglieder von Unternehmen auch außerhalb von organisationalen Kontexten und Strukturen Informationen selbstständig zur Kenntnis nehmen, interpretieren und gewichten. Wo immer sie Hinweise auf (potentiell) relevante Informationen finden – sei es in der Tagespresse, in Fachpublikationen, auf Fachtagungen oder im Kundenkontakt – können sie versuchen, diese in die Entscheidungsprozesse des Unternehmens einzubringen. Sobald es sich dabei aber um Informationen handelt, die zwar für das Unternehmen als Ganzes bedeutsam sein mögen, jedoch nicht primär im Kontext ihrer eigenen Kompetenzen, stellt sich das Problem, die entsprechenden Stellen im Unternehmen zu erreichen. Dies macht persönliche Initiative erforderlich. Die Mitglieder müssen also Gelegenheiten finden, in denen sie sich und ihren Beobachtungen, Zweifeln oder Ideen im Unternehmen Gehör verschaffen können. Diese Anlässe können formal vorgezeichnet sein, etwa in der Form von regelmäßigen Meetings. Schwieriger wird es, wenn solche direkten Kontakte in den formalisierten Kommunikationswegen nicht vorgesehen sind.

In hierarchisch strukturierten Unternehmen ist dies ein häufiges Problem, weil der Ort, an dem wichtige Informationen über die Umwelt anfallen (relativ weit unten) und der Ort, an dem wichtige, weil weitreichende strategische Entscheidungen getroffen werden (relativ weit oben) typischerweise auseinanderfallen. Das damit verbundene Problem für Unternehmen besteht dann darin, dass möglicherweise wichtige Informationen auf dem Weg hinauf durch die Hierarchie an irgendeiner Stelle stecken bleiben und somit für die fraglichen Entscheidungen nicht zur Verfügung stehen.

Diese Bedeutung persönlicher Initiative zeigt sich vor allem mit Blick auf so genannte „Grenzstellen". Dies sind Stellen innerhalb eines Unternehmens, die eingerichtet werden, weil „die Darstellung des Systems nach außen problematisch, also Gegenstand besonderer Überlegungen und Leistungen ist, und [.] das System intern so stark differenziert ist, dass der Verkehr mit Außenstehenden nicht in gleicher Weise Sache aller Mitglieder ist" (Luhmann 1964: 220). Diesen Grenzstellen obliegt die Doppelfunktion, einerseits das Unternehmen in einer idealisierten Darstellung nach außen zu präsentieren, andererseits aber auch als „Antennen zur Warnung des Systems" zu fungieren, also das Unternehmen mit Informationen über bedeutsame Entwicklungen in der Umwelt zu versorgen (Luhmann 1964: 223f.; Tacke 1997: 26ff.).

Wenn etwa die Geschäftsleitung über die Etablierung einer neuen Marketing-Strategie oder die Einführung eines neuen Produktportfolios entscheidet und dieses mit der Anpassung von Zielvorgaben für den Außendienst begleitet, dann sind es zunächst die Außendienstmitarbeiter als Grenzstellen des Unternehmens, die spüren, wie diese Maßnahmen auf ihnen zumeist gut bekannte Kunden wirken. Schnell mag im Außendienst Einhelligkeit darüber herrschen, dass Marketing-Strategie und/ oder Produktportfolio bei den Kunden wenig Akzeptanz finden und man beklagt sich, dass ‚die Papiertiger in den oberen Chargen' keine Ahnung davon haben, was ‚da draußen' tatsächlich los ist. Ob die Informationen der Grenzstellen (also z. B. die Gründe für eine mangelnde Akzeptanz bei der Kundschaft) es aber durch die Hierarchie zu den entscheidenden Stellen nach oben schaffen, hängt zunächst einmal davon ab, ob die formalen Kommunikationswege des Unternehmens auf die Weitergabe solcher Informationen eingestellt sind. Gibt es z. B. ein Berichtswesen oder andere Feedback-Kanäle? Doch selbst wenn solche Einrichtungen vorhanden sind, bedarf es immer noch der tatsächlichen Information durch den oder die Außendienstmitarbeiter.

In besonderer Weise stellt sich dieses Problem bei ‚schlechten Nachrichten', bei solchen Informationen also, die auf kritische und evtl. sogar problematische Entwicklungen aufmerksam machen. Diese Informationen sind einerseits für das Unternehmen besonders wichtig, zum anderen gibt es aber gerade für sie häufig nur eine geringe Abnahmebereitschaft. Die Weitergabe solch problematischer Informationen ist daher immer auch riskant. Im genannten Beispiel besteht das Risiko für den Außendienstmitarbeiter etwa darin, dass er selbst für die Ursache des Problems gehalten werden könnte. Nicht die Strategie ist dann schlecht, sondern der Mitarbeiter, der sie nicht kompetent umsetzen oder vertreten kann. Sofern sich unten in der Hierarchie die Anzeichen dafür verdichten, dass sich in den oberen Hierarchieebenen solche ursächlichen Zuschreibungen auf den Boten der schlechten Nachrichten durchsetzen (etwa indem auf Verfehlungen der Zielvorgaben mit Sonderschulungen reagiert wird), mag die Bereitschaft für entsprechende Problemanzeigen weiter sinken. Je länger eine solche Situation unten zurückgehaltener und oben zurückgewiesener Informationen und Ursachendeutungen besteht, desto geringer ist die Wahrscheinlichkeit, dass sich etwas daran ändert. Denn erstens werden die Mitarbeiter kein Interesse daran haben, selbst als Problemverursacher in Erscheinung zu treten, und zweitens wird es im Management zunehmend schwieriger, die Situation neu zu deuten, da sie damit unweigerlich eigene Fehler eingestehen müssten.

Für das Unternehmen ist eine solche Situation nun insofern problematisch, als es zu einer zunehmenden Isolierung von Informations- und Entscheidungszentren kommt und das Management Schritt für Schritt immer mehr auf Distanz zu den eigentlichen Vorgängen in der relevanten Umwelt gebracht wird. Entscheidungen werden dann nur noch auf der Grundlage einer projizierten Realität möglich, die mit den wirklichen Verhältnissen jedoch zunehmend weniger zu tun hat. Strukturell besehen zeigt auch dies, wie sehr Unternehmen als hierarchisch differenzierte Sozialsysteme dazu neigen, sich gegen Informationen zu immunisieren – auch wenn dies auf Kosten der Adaptivität geht. Letztlich ist diese Konstellation auch als Folge der oben beschriebenen Zurechenbarkeit von Verantwortlichkeiten zu verstehen: Selbst wo persönliche Initiative formal vorgesehen oder gar eingefordert ist, wird sie doch immer *persönlich* zugeschrieben (Luhmann 1964: 224) – und das macht sie für das entsprechende Mitglied riskant.

Fazit: Die doppelt verkürzte Wirklichkeit der Formalstruktur

Angesichts von sich wandelnden und unbekannten Präferenzen potentieller wie aktueller Kunden, angesichts technologischer Entwicklungen und auch angesichts der Konkurrenz zu anderen Unternehmen, sehen sich Unternehmen einer in vielerlei Hinsicht ungeordneten und mit Unsicherheiten behafteten Umwelt gegenüber. Vor diesem Hintergrund stellt sich für Unternehmen das Problem, einerseits – gleichsam als archimedischer Fixpunkt des Entscheidens – Sicherheit und Stabilität gewinnen zu müssen. Im Angesicht totaler Unsicherheit lässt sich nichts entscheiden. Immer braucht es mindestens minimale Vorstellungen davon, in was für einer Welt man sich bewegt, welche Ursache-Wirkungs-Zusammenhänge also bestehen. Dass sinkende Preise die Nachfrage erhöhen, wäre eine solche Annahme über die Welt. Auch wenn sie sich als falsch erweisen mag, ermöglicht sie es doch, eine ganze Reihe von Entscheidungen an ihr zu orientieren.

Die in diesem Kapitel diskutierten Formalstrukturen lassen sich in genau diesem Sinne als organisatorische *Weltgeneratoren* verstehen. Mit den Entscheidungen über Entscheidungsprogramme, Kommunikationswege und Stellenbesetzungen (Personal) werden zugleich Relevanzen festgeschrieben, die eine selektive Informationsbeschaffung und -verarbeitung ermöglichen, so dass die Umwelt als (einigermaßen) geordnet erscheint – geordneter jedenfalls, als sie es tatsächlich ist. Damit ist selbstverständlich noch nichts darüber gesagt, ob das auf diese Weise unternehmensintern entworfene Bild der Umwelt zu angemessenen Entscheidungen führt. Es ermöglicht aber, überhaupt Entscheidungen treffen zu können. Und gerade an der Beobachtung von ‚Fehlschlägen' lässt sich das Bild möglicherweise korrigieren. Ob und in welchem Maße dies gelingt, hängt vor allem davon ab, wieweit ein Unternehmen strukturell darauf vorbereitet ist, auch neue, überraschende Informationen zuzulassen.

In der Gesamtschau ergibt sich für Unternehmen also das Dilemma, permanent und gleichzeitig den beiden *widersprüchlichen* Anforderungen von Stabilität und Flexibilität (bzw. Adaptivität) Rechnung tragen zu müssen. Wie sich das Verhältnis im Einzelnen darstellt, ist eine Frage, die nur durch eine Analyse des Einzelfalls beantwortet werden kann. In der Tendenz wird man erwarten dürfen, dass junge Unternehmen eher an einem Übermaß an Elastizität leiden werden, weil der Formalisierungsgrad noch gering ist und Kompetenzen, Entscheidungswege, Zuständigkeiten und Routinen sich erst noch herausbilden. Ältere Unternehmen leiden demgegenüber eher an einem Überfluss an Erwartungssicherheit. Entscheidungsroutinen, Hierarchien und Informationswege aber auch unternehmerische Deutungsschemata haben sich soweit verfestigt, dass das obere Management sich zunehmend von den Personen abkoppelt, die in engerem Kontakt zur Umwelt stehen, so dass abweichende Wahrnehmungen nicht nach oben durchdringen mögen (Aldrich und Auster 1986: 169). Für junge Unternehmen ist jedes Problem ein neues Problem, sie drohen daher permanent überfordert zu werden und operieren häufig weniger im Modus strategischer Planung als im Modus eines „muddling through" (Lindblom 1959). Ältere Unternehmen tendieren demgegenüber dazu, vermeintlich jedes Problem bereits zu kennen. So lang sie über genügend Ressourcen verfügen, um sich gegen die Realität ihrer Umwelt abzuschirmen, können sie es sich leisten, die Deutungshoheit über die Umwelt an der notwendigerweise nicht optimal informierten Spitze der Hierarchie zu zentralisieren (Starbuck 1983).

Der Rat, es käme darauf an, ein Gleichgewicht zwischen Stabilität und Flexibilität zu finden, wird jedenfalls wenig helfen. Dieser nimmt zwar noch das Problem wahr, verkennt es aber in seinem Ausmaß. Jeder Versuch, eine unangemessene Stabilität zu verhindern (etwa durch Kontingenzprogramme) oder die Suche nach neuen Informationen ‚rechtzeitig' abzubrechen, um einen ‚information overload' zu vermeiden (etwa durch ein Machtwort), ist selbst dem Dilemma von Stabilität und Adaptivität unterworfen. Das Problem wiederholt sich nur auf einer abstrakteren Ebene. Statt einer Optimierung des Verhältnisses von Stabilität und Flexibilität ist daher auch eher zu beobachten, dass Unternehmen permanent zwischen den beiden Anforderungen oszillieren. Für die Managementpraxis ist dies eine zentrale Problemquelle. Für Unternehmensberater ist es eine Ressource, aus der immer wieder neuer Beratungsbedarf entsteht. Und für die Organisationsforschung ist es vor allem eine empirische Forschungsfrage, welche Folgen sich aus dem Spannungsfeld von Stabilität und Flexibilität im Einzelfall ergeben.

Neben den wirklichkeitskonstruierenden Effekten der Formalstruktur kann auch die Formalstruktur selbst als ein Wirklichkeitskonstrukt verstanden werden. Letztlich stellen die in Stellenbeschreibungen, Organigrammen, Arbeitsanweisungen und Prozesshandbüchern niedergeschriebenen Entscheidungsprogramme und Kommunikationswege die Beschreibung einer projizierten Organisationswirklichkeit dar. In diesem Sinne ist die Formalstruktur eine handlungsanleitende Abstraktion – „an abstraction in such a way that it can be taken as a ‚fact', so that most people, most of the time, do not have to go behind it" (Stinchcombe 2001: 2). Unter dieser Voraussetzung wird es dann möglich, Systemvertrauen aufzubauen, also nicht in

Personen (die man erst mühsam kennenlernen müsste) zu vertrauen, sondern in die Mechanismen der Formalisierung. Auf dieser Grundlage ist dann auch in heiklen oder riskanten Situationen eine Kooperation unter Unbekannten möglich – allein weil man die versachlichte Rollenstruktur kennt: Auch der (persönlich nicht bekannten) Urlaubsvertretung enthält man keine dienstlichen Informationen vor und auch der neue Forschungsmitarbeiter erhält Zutritt zu den Laboren.

Diese abstrakten „blueprints" (Blau und Scott 1962) dürfen aber nicht für die Unternehmenswirklichkeit selbst gehalten werden. Die formalen Erwartungen sind zwar Teil der Organisationswirklichkeit, sie sind aber nicht die Organisation. Die Formalstruktur für das Unternehmen zu halten, wäre ganz so, als würde man einen Bauplan mit dem Errichten des Gebäudes verwechseln. Bei Neulingen in Unternehmen löst die Entdeckung der Entkopplung von Formalstruktur und faktischem Verhalten im Arbeitsalltag bisweilen Erstaunen aus. In der Managementpraxis kann sie sowohl die Ursache für viel Frustration, als auch eine Ressource virtuosen Managens darstellen. In jedem Fall wird persönlich frustriert sein und auf Außenstehende etwas naiv wirken, wer die schriftlich fixierte Formalstruktur für die Organisationswirklichkeit selbst hält. Die Formalstruktur generiert also nicht nur *eine* Wirklichkeit *für* das Unternehmen; sie ist auch *eine* Wirklichkeit *des* Unternehmens. In beiden Fällen handelt es sich aber um Verkürzungen. Erstere können für das Unternehmen selbst zum Problem werden, zweitere können für Unternehmensforscher zum Problem werden, wenn sie sich nicht für die Effekte der Formalität interessieren, sondern die Formalstruktur als Unternehmenswirklichkeit behandeln. Die folgenden Kapitel werden dazu beitragen, eine reichhaltigere und damit auch realistischere Vorstellung von Unternehmen zu gewinnen.

3.2 Informalität im Unternehmen

Formale Strukturen, wie wir sie in Abschnitt 3.1 besprochen haben, kommen in allen Unternehmen vor. Sie sind gleichermaßen zentraler Gegenstand von Planungs- und Reformbemühungen des Managements wie auch wichtige Orientierungsgrundlage für die Mitglieder auf untergeordneten Hierarchieebenen – sei es mit Blick auf das Anfertigen von Entscheidungen oder hinsichtlich der Koordination von Aufgaben. Wer schon jemals in einem Unternehmen gearbeitet hat, weiß um die Bedeutung dieser formalen Regeln – er weiß aber auch, dass diese formalen Regeln nur einen Teil dessen ausmachen, woran sich die Mitglieder eines Unternehmens in ihrer täglichen Arbeit orientieren. Ebenso große Bedeutung erlangen im Kontext von Unternehmen solche Regeln, die sich in keiner Stellenbeschreibung und in keinem

Prozesshandbuch finden, die aber gleichwohl von Relevanz sind: die informalen Strukturen.

In den einfachsten Fällen ist an Gepflogenheiten bzgl. des Umgangs mit dem eigenen Geburtstag zu denken: Ist es üblich, Kuchen mitzubringen, oder gar alkoholische Getränke? Und wer ist ggf. auf welchem Wege dazu einzuladen – die eigene Abteilung, der gesamte Flur oder nur ausgewählte Kollegen unabhängig von jeder räumlichen Nähe? Diese Fragen der Geselligkeit mögen zwar den Arbeitsalltag für den Einzelnen mehr oder weniger angenehm machen, aus organisationswissenschaftlicher Perspektive sind sie jedoch von nachrangiger Bedeutung. Interessanter sind hingegen jene Fälle, die sich auf faktische Arbeitsabläufe beziehen. Die Frage ist dann etwa, welche formalen Regeln in welchen Situationen und von welchem Vorgesetzten wie ernst genommen werden und welche ‚nur auf dem Papier‘ existieren; wie wichtig Pünktlichkeit ist; welche *faktische* Bedeutung das Protokoll zum letzten Meeting hat oder wen man *faktisch* fragen müsste (und könnte), wenn man in einer fachlichen Angelegenheit eine kompetente Auskunft erwartet.

Diese ungeschriebenen Regeln des tagtäglichen Umgangs miteinander, der Gewährung von Unterstützung, der Bereitschaft zur Mehrarbeit oder der Aussetzung formaler Vorschriften sind Gegenstand dieses Kapitels. Sie sind es, die Willi Küpper und Günther Ortmann (1988: 7) zu der schlichten aber treffenden Einsicht bringen: „In Organisationen tobt das Leben". Und sie sind es auch, die ein facettenreicheres und zugleich realistischeres Bild von Unternehmen entstehen lassen, als dies einer Betriebswirtschaftslehre möglich ist, die sich allein auf die klinisch-reinen Pläne der Aufbau- und Ablauforganisation, der Stellenbeschreibungen und der Prozesshandbücher beschränkt, dabei aber organisationale Realitäten ausblendet (Baecker 2003: 9). Besonderes Augenmerk verdient im Weiteren daher die Frage, welche spezifische Bedeutung Informalität im Kontext von Unternehmen zukommt und in welchem Verhältnis Informalität und Formalität in Unternehmen zueinander stehen. Beginnen werden wir aber mit einigen Erläuterungen zum Phänomen selbst und folglich mit der Frage, womit wir es bei Informalität eigentlich zu tun haben.

Informalität – die ‚ungeschriebenen Gesetze‘ des Unternehmens

Eine der beharrlichsten Fehldeutungen im Zusammenhang mit Informalität besteht darin, Informalität als Zone der zwischenmenschlichen Behaglichkeit in einem ansonsten sehr technisch und sachlich ausgerichteten Organisationskontext misszuverstehen. Insbesondere der Human-Relations-Ansatz sah die Bedeutung des Informalen darin, eine gewisse ‚soziale Wärme‘ zu erzeugen (heute würde man vielleicht von Arbeitsklima oder noch neuer von Unternehmenskultur sprechen). Diese sollte letztlich genutzt werden, um die Produktivität zu steigern. Strenggenommen – und der Name verrät es bereits – ging es aber schon in dieser Perspektive nicht um Menschlichkeit, sondern ‚lediglich‘ um menschliche Beziehungen. Der Human-Relations-Ansatz lässt sich daher auch eher als eine Erweiterung des seinerzeit prominenten Taylorismus verstehen, nicht aber als eine Abkehr vom dahinterstehenden Programm der Rationalisierung von Arbeit. Aus einer organisationswissenschaftlichen Perspektive heraus bieten sich allerdings Alternativen an, um sowohl Informalität präziser fassen als auch deren Folgen und Implikationen facettenreicher beschreiben zu können.

Informalität als informale Strukturen

Ein organisationswissenschaftliches Verständnis von Informalität lässt sich gewinnen, wenn man Informalität – ähnlich wie Formalität – als einen Typ von Unternehmensstruktur, genauer gesagt: als einen Typ von Erwartungsstruktur versteht. Schon Formalität hatten wir als ein Geflecht von Erwartungen verstanden. Diese formalen Erwartungen zeichneten sich vor allem dadurch aus, dass sie mitgliedschaftskritisch sind. Gegen sie kann nicht offen opponiert werden und sie können auch nicht laufend und offensichtlich verletzt werden, ohne dass zumindest die Gefahr besteht, aus der Organisation ausgeschlossen zu werden.

Auch informale Strukturen nehmen die Form von Verhaltenserwartungen an. Sie stellen eigene Normen dar – sei es bezüglich der angemessenen Dosierung eigener Arbeitsleistungen, der Möglichkeiten, um kollegiale Unterstützung bitten zu können, der legitimen Zurückweisung solcher Unterstützungsgesuche oder der Nutzung ‚kurzer Dienstwege‘. Im Unterschied zu formalen Erwartungen sind informale Erwartungen jedoch weder schriftlich fixiert und kodifiziert, noch kann ein Verstoß gegen sie als legitimer Grund des Ausschlusses aus der Organisation angeführt werden. Gleichwohl sind sie verbreitet und zahlreich. Und es gehört zu den wichtigsten Aufgaben eines Neulings, diese Erwartungen kennenzulernen und ihnen Rechnung zu tragen – dies ist wohl die allgemeinste informale Erwartung. Strukturwert erlangen diese Erwartungen insofern sich auch mit Blick auf informale Erwartungen Regelmäßigkeiten feststellen lassen, sie also eine gewisse Stabilität aufweisen und nicht bei jeder einmaligen Abweichung wieder aufgegeben werden. Wie aber funktionieren sie genau?

Wie kommen informale Strukturen in das Unternehmen – und wie ändern sie sich?

Über formale Strukturen, das hatten wir im letzten Abschnitt gesehen, können Unternehmen entscheiden. Konkrete Stellen, Abteilungen, Entscheidungsprogramme, Hierarchieformen, Mitzeichnungsrechte, Stellenbesetzungen und vieles mehr entstehen durch organisationale Entscheidungen. Und auch über entsprechende Änderungen dieser Strukturen wird im Unternehmen entschieden. Der einzige Modus, in dem formale Strukturen im Unternehmen geändert werden können, ist der der Entscheidung; und Entscheidung ist auch der Modus, in dem Abweichungen, wenn sie sich erst einmal eingeschlichen haben, nachträglich mit formaler Geltung ausgestattet werden können.

Informale Strukturen zeichnen sich demgegenüber gerade dadurch aus, dass sie sich dem Zugriff durch Organisationsentscheidungen entziehen. Sie können weder durch Entscheidungen etabliert noch durch Entscheidungen geändert werden. Dies gilt offensichtlich für solche Erwartungen, die sich prinzipiell nicht formalisieren lassen. „Sei kreativ!" (wie es z. B. von Beratern oder Kommunikationsdesignern gewünscht sein mag), „Lächele authentisch!" (als Anweisung z. B. an Flugbegleiter oder Rezeptionisten) und ähnliche performative Widersprüche können nicht in Entscheidungsprogramme überführt werden (Kühl 2011: 118f.). Es gilt aber auch noch für jene Bereiche, in denen lediglich auf Formalisierung verzichtet wurde – etwa, wenn Kommunikationswege nur sehr sparsam formal vordefiniert sind und die tagtäglich anfallenden Kooperationsnotwendigkeiten im Übrigen der kollegialen Koordination anheimgestellt bleiben. Letzteres könnte prinzipiell durchaus im Zuge unternehmerischer Entscheidungen geordnet und entsprechende Dienstwege eingerichtet werden. Dabei handelte es sich dann aber gerade nicht um organisationale Entscheidungen über informale Strukturen, sondern um die Formalisierung vormals informaler Strukturen; und damit um die Ersetzung informaler durch formale Strukturen. Im Ergebnis sind Unternehmen – wie auch alle anderen Organisationstypen – immer ‚unterformalisiert‘. Die tägliche Arbeit macht es daher regelmäßig erforderlich, über die formalen Regeln hinauszugehen, sie zu interpretieren, oder möglicherweise auch von ihnen abzuweichen (siehe dazu unten). Gerade deswegen gilt ‚Dienst nach Vorschrift‘ immer noch als effektive Form des Streiks.

Wenn informale Strukturen aber nicht durch Entscheidungen entstehen und geändert werden, wie dann? Die Antwort ist relativ einfach: Durch faktisches Verhalten, das zu Erwartungen kondensiert und damit Strukturwert gewinnt. Man kennt dies auch von Gruppen außerhalb organisierter Kontexte: Man verabredet sich einige Male für dienstags um 18h zum gemeinsamen Fußballspielen mit Freunden und stellt bald fest, dass der Dienstagstermin sich soweit etabliert hat, dass die Teilnehmer damit beginnen, wechselseitig zu unterstellen, dass alle kommen werden und ihr Fernbleiben – als Ausnahme – anzukündigen. Die Erwartung ‚dienstags um 18h ist Fußball' hat sich stabilisiert und institutionalisiert (Berger und Luckmann 1980).

So wie informale Erwartungen durch die Wiederholung und Routinisierung faktischen Verhaltens entstehen, so ändern sie sich auch im Modus faktischen Verhaltens. Wenn auch nicht beim ersten Ausfall, so aber doch, wenn über einen Monat oder einen gar längeren Zeitraum kein Fußball-Treffen mehr zu Stande kam, wird die Erwartung ‚dienstags um 18h ist Fußball' an Selbstverständlichkeit verlieren. Die Teilnehmer an dieser kleinen Sportgruppe werden wieder anfangen, die Treffen als ungewiss zu behandeln und im Vorfeld nachfragen, ‚ob es denn heute stattfinden wird' – oder sie werden die häufigen Ausfälle vielleicht als willkommene Gelegenheit begreifen, die Gruppe zu verlassen, ohne dies explizit begründen zu müssen.

Ähnlich verhält es sich mit informalen Erwartungen in Unternehmen. Jemand probiert etwas Neues, fragt z. B. bei komplexen Problemen im Zusammenhang mit der Beurteilung eines Antrags bei einem Kollegen um Rat, anstatt sich wie vorgeschrieben an den Vorgesetzten zu wenden, und macht die Erfahrung, auf diese Weise nicht nur eigene Kompetenzlücken vor seinem Chef verbergen, sondern auch produktiver arbeiten zu können. Da die erhaltene Hilfe zu Gegenleistungen verpflichtet, mag sich – durch faktisches Verhalten und gestützt durch spezifische Strukturen der Verantwortlichkeit, Kontrolle und Bewertung – ein System der „Konsultation unter Kollegen" (Blau 1982) entwickeln, das die formalen Kommunikationswege kurzschließt.

Entsprechend vollzieht sich auch die Änderung informaler Strukturen durch das allmähliche Einschleifen, Abändern oder Unterlassen von konkreten Praktiken, deren Wiederholung (inkl. wiederholten Unterlassens) dazu führt, dass sich stabile Erwartungen aufbauen. Während formale Erwartungen diskontinuierlich, also vom einen auf den anderen Moment, qua Entscheidung geändert werden können, nimmt der Wandel informaler Strukturen Zeit in Anspruch, weil er kontinuierlich verläuft. Zwar können auch die Mitglieder einer Abteilung Absprachen treffen (‚Kuchen nur noch zu runden Geburtstagen' oder ‚wenn meine Bürotür geschlossen ist, Anfragen nur auf dem Dienstweg'); solche Versuche, über informale Strukturen zu entscheiden, stoßen in ihrer Bindungswirkung jedoch an Grenzen, weil sie nicht durch die (formale) Organisation gedeckt sind.

Das Primat der Person

Auch informale Strukturen nehmen regelmäßig auf Organisationsrollen Bezug. So macht es nur Sinn, bei einem Kollegen um Rat zu fragen, weil er eine bestimmte

Organisationsrolle innehat, über entsprechende Kenntnisse verfügt oder er die benötigten Entscheidungskompetenzen besitzt. Anders als formale Strukturen finden informale Strukturen ihren Halt jedoch nicht in den versachlichten und zweckspezifischen Rollengeflechten der Organisation. Vielmehr unterliegen informale Strukturen einem Primat der Person.

Gerade, weil informale Strukturen nicht durch die permanente Hintergrunddrohung des Mitgliedschaftsentzugs gedeckt sind, ist die Kenntnis von Personen wichtig, um sich kompetent und umsichtig im Bereich des Informalen bewegen zu können. Dies gilt erst recht für informale Beziehungen über formale Hierarchieebenen hinweg; es gilt aber auch für den Kontakt unter Kollegen. Nicht jeder ist in bestimmten Angelegenheiten gleich kompetent oder im gleichen Maße auskunftsbereit.

Besonders deutlich zeigt sich dieses Primat der Person im Kontext der Informalität mit Blick auf den Chefwechsel. Der Wechsel von Vorgesetzten kommt auf allen hierarchischen Ebenen vor. So wechselt nicht nur die Gesamtgeschäftsleitung von Zeit zu Zeit, sondern auch Vorarbeiter, Gruppen-, Abteilungs- oder Regionalleiter etc. Solche Wechsel sind unvermeidbar, wenn der Chef altersbedingt das Unternehmen verlässt und seine Berufslaufbahn beendet. Sie kommen aber umso häufiger vor, je mehr die Erwartung beruflicher Mobilität zum Bestandteil moderner Karrierestrukturen wird. Solche karrierebedingten Chefwechsel können sich dann sowohl innerhalb eines Unternehmens (intra-organisationale Mobilität) oder auch zwischen zwei Unternehmen, also durch den Wechsel in ein anderes Unternehmen, vollziehen (inter-organisationale Mobilität). Letztlich sind mit jedem Auf- oder Umstieg gleich zwei Chefwechsel verbunden: Der scheidende Chef wird durch einen Nachfolger ersetzt und er selbst ersetzt seinen Vorgänger. Der Chefwechsel gehört daher zu den erwartbaren Normalfällen in Unternehmen.

Aus organisationswissenschaftlicher Perspektive stellt ein solcher Chefwechsel eine Krisensituation dar, weil etablierte informale Kooperationspraktiken ihren Halt verlieren und der neue Chef vor allem als eine Quelle von Unsicherheit erscheint (Luhmann 1962). Wie ernst nimmt er das Rauchverbot am Arbeitsplatz? Wie reagiert er auf Unpünktlichkeit? Legt er mehr Wert auf regelgerechtes oder auf zügiges Arbeiten? Für all diese und viele weitere Fragen hatten sich mit dem vorherigen Chef über die Zeit stabile Umgangsformen eingespielt, die nun nicht mehr ohne Weiteres als gültig unterstellt werden dürfen.

Die Unsicherheit im Umgang mit dem neuen Chef gründet vor allem darin, dass die Person unbekannt ist. Gerade deswegen gewinnt im Zuge eines Chefwechsels die Formalstruktur an Bedeutung – sowohl für den „neuen Chef" als auch für seine Mitarbeiter (Luhmann 1962). Wer sich den formalen Regeln entsprechend verhält, hat sich nichts vorzuwerfen; und noch wichtiger: ihm kann auch nichts vorgeworfen werden. Gerade weil die Formalstruktur auf dem Prinzip der (versachlichten) Stelle basiert, ist sie für Personalwechsel relativ unempfindlich – und nur deswegen bietet sie Erwartungssicherheit trotz Chefwechsels. Der Aufbau neuer informaler Strukturen erfordert hingegen Zeit – vor allem Zeit für persönliches Kennenlernen.

Wie wirkmächtig informale Strukturen auch über hierarchische Grenzen hinweg sein können, hat Alvin Gouldner (1964/1954) bereits in den 1950er Jahren im Rahmen seiner klassischen Studie über eine US-amerikanische Gipsmine gezeigt. Das Verhältnis der Arbeiter zu ihrem Vorgesetzten basierte in dem von Gouldner untersuchten Unternehmen maßgeblich auf informalen Strukturen, die Gouldner Nachgiebigkeitsmuster („indulgency pattern") nennt. Diese sahen z. B. vor, dass die Mitnahme von Unternehmenseigentum (etwa Nägel oder Holz) für private Zwecke nicht sanktioniert wurde, dass unentschuldigtes Entfernen vom Arbeitsplatz toleriert wurde oder dass zwischen verschiedenen Stellen gewechselt werden konnte. Gleichsam im Gegenzug zeigten die Mitarbeiter ein hohes Maß an Commitment gegenüber dem Unternehmen (Gouldner 1964/1954: 45ff.). Zusätzlich gestützt wurde diese informale Struktur durch die Tatsache, dass sich die Mitarbeiter der Mine gut kannten, weil sie sich auch außerhalb des Unternehmens in der dörflichen Gemeinschaft in anderen Rollen regelmäßig begegneten. Die persönliche Bekanntschaft dominierte gleichsam alle sonstigen Rollen.

Die Fragilität dieses Arrangements zeigte sich, als die Unternehmensleitung zur Rationalisierung der Arbeitsabläufe einen neuen Manager einstellte. Dieser drängte auf die Einhaltung der Formalstruktur und etablierte eine striktere Form der Regelüberwachung. Die Folge dieses Vorgehens war aber – nach den Ausführungen dieses Kapitels wenig überraschend – nicht eine gesteigerte Effizienz, sondern zunächst Dienst nach Vorschrift und schließlich der offene Streik (Gouldner 1965).

Wie wird die Einhaltung informaler Strukturen sichergestellt?

Nicht immer aber führt der Austausch von Personen auch zu einem (partiellen) ‚Zusammenbruch' der informalen Strukturen. Jeder, der schon einmal selbst als ‚Neuling' in einem Unternehmen eine Arbeitsstelle angetreten hat, wird die Erfahrung gemacht haben, dass Kollegen keineswegs in eine ‚Formalitätsstarre' fallen, bis man einander besser kennt. Vielmehr mag man sich – wie subtil oder explizit auch immer – der Erwartung ausgesetzt finden, sich an die unternehmenstypischen Gepflogenheiten des ‚bei uns läuft das so' anzupassen; und man ist gut beraten, eine gewisse Lernwilligkeit und Lernbereitschaft auch gegenüber den Kollegen darzustellen.

Während das Einfinden in formale Strukturen selbst formale Anlässe und Artefakte kennt (wie z. B. Unterweisungen, Einarbeitungen, Prozesshandbücher), erfolgt die Unterweisung in informale Strukturen eher im Modus der Sozialisation.

Kleine Gesten der Zurechtweisung, Ermunterungen zur Nachahmung und Pausengespräche dienen als Vermittlungsinstanzen informaler Praktiken. Informalen Strukturen fehlt es aber nicht allein an formalen Anlässen der Vermittlung, sondern auch an formalen Sanktionsmöglichkeiten.

Formale Strukturen beruhen mit Sanktionen und letztlich der (impliziten) Ausschlussdrohung auf einem starken Sicherungsmechanismus. Demgegenüber wird die Aufrechterhaltung informaler Strukturen über informale – und damit ihrerseits ebenfalls nicht formal abgestützte – Sanktionsmechanismen gesichert. Das Auskühlen der Beziehungen, also die Rückstufung einer komplexeren Sozialbeziehung auf eine rein dienstliche, das Vorenthalten kollegialer Unterstützung oder im Extremfall gar aktives Mobbing (Kühl 2011: 125f.) sind die geläufigsten Mechanismen sozialer Sanktionierung im Bereich des Informalen. Zugespitzt könnte man sagen: Formale Strukturen sind der Grund, warum Menschen entlassen (oder auch befördert) werden; informale Strukturen sind der Grund, warum sie mithin weinend (oder auch entspannt) nach Hause kommen.

Zum Verhältnis von Formalität und Informalität in der Praxis – Notwendigkeiten der Situationsdefinition

Die Differenz von Formalität und Informalität kann heute als klassische Unterscheidung der Organisationsforschung gelten (Tacke 2015). Auch wenn nicht alle heutigen Organisationstheorien diese Differenz als zentral auffassen, muss sie doch von den Mitgliedern eines Unternehmens permanent gehandhabt werden. Schon der Fall des neuen Chefs zeigt, dass formale und informale Erwartungen wechselseitig aufeinander verweisen. Dass der neue Chef nicht einfach in bestehende informale Erwartungen und Praktiken hinein sozialisiert wird (wenngleich auch solche Fälle vorkommen mögen), liegt daran, dass von der hierarchisch – also formal – höheren Position des Chefs auch mit Blick auf informale Strukturen nicht ohne Weiteres abgesehen werden kann.

Gerade vor diesem Hintergrund entsteht jedoch für Organisationsmitglieder das Problem, fallweise – und das heißt: situativ – entscheiden zu müssen, ob aktuell formale oder informale Strukturen den gültigen Orientierungsrahmen bereitstellen. Sofern Kommunikation über Hierarchiestufen hinweg stattfindet, fällt in der Regel dem höher gestellten eine Deutungshoheit bezüglich der informalen Freigabe einer Situation zu. Dieser ,Einladung zur Informalität' muss jedoch nicht zwingend gefolgt werden. Während der Statusniedere Informalität zwar selten initiieren kann, kann er sich durchaus gegen sie zur Wehr setzen und auf Formalität bestehen, da dies in Organisationen ohnehin die einzige offiziell legitimierte Form des Umgangs darstellt. Gerade deswegen gilt: „Wer auf Formalität besteht, ist der Stärkere" (Luhmann 1964: 291).

In jedem Fall braucht es aber Symbole oder kommunikative Codes, die anzeigen, ob es darum geht, ‚die Form zu wahren‘, ‚offen zu sprechen‘ oder ob Hoffnungen ‚bedauerlicherweise‘ enttäuscht werden müssen, weil ‚einem selbst die Hände gebunden sind‘ und Ähnliches. Wenngleich also die Verständigung über die angemessene Situationsauffassung häufig beiläufig und reibungslos in die Kommunikation integriert werden kann, erfordert es gerade für Organisationsmitglieder ohne organisationswissenschaftliche Ausbildung bzw. organisationspraktische Erfahrung eine gewisse Zeit der Orientierung, um diese Doppelbödigkeit der Organisation zu erkennen und sich in ihr zurechtzufinden.

Funktionen der Informalität im Unternehmen

Bisher haben wir lediglich ein in allen formalen Organisationen anzutreffendes Phänomen mit organisationssoziologischen Begrifflichkeiten beschrieben und versucht, seine zentralen Eigenheiten herauszustellen. Dies ist wichtig, weil es die Grundlage darstellt, auf der sich ein realistischeres Bild auch von Unternehmen gewinnen lässt. In diesem und im nächsten Abschnitt geht es nun darum, über die bloße Feststellung hinaus, dass Informalität in Unternehmen vorkommt, auch noch die *spezifische Relevanz*, die Informalität im Kontext von Unternehmen zukommt, zu skizzieren.

Eine solchermaßen besondere Bedeutung gewinnt Informalität in Unternehmen dort, wo sie nicht allein Ausdruck von Geselligkeit ist, sondern einen Bezug zur Organisation aufweist; dort also, wo sie einen Beitrag zur Leistungserstellung bzw. zur Anfertigung, Vorbereitung oder Umsetzung von Entscheidungen leistet. Mit Blick auf Unternehmen lässt sich diese Engführung weiter zuspitzen, wenn wir uns an die in Kapitel 2 herausgestellten Zentralprobleme von Unternehmen erinnern: Die Bearbeitung entgrenzter Entscheidungszumutungen einerseits sowie die besondere Bedeutung von Innovationen andererseits.

Informale Entscheidungswege: Das Abkürzen von Entscheidungszeiten

Wenngleich Klatsch und Tratsch oder ein gemeinsames Geburtstagsfrühstück fraglos Zeit kosten, können informale Strukturen doch auch dazu beitragen, Entscheidungsprozesse erheblich zu beschleunigen. Dies lässt sich etwa anhand der oben angeführten Beispiele der Konsultation unter Kollegen nachvollziehen. Offenkundig geht es schlicht schneller, bei kleinen Nachfragen und Unsicherheiten den Büronachbarn um Rat zu fragen, den Sachbearbeiter mit gleichem Aufgabengebiet anzurufen oder das Problem in der Mittagspause zu thematisieren, als bei seinem eigenen Vorgesetzten einen Termin zu bekommen, nur damit dieser womöglich seinerseits bei einem Kollegen oder seinem eigenen Vorgesetzten einen Termin zur Abklärung erhalten muss.

‚Kurze Dienstwege' und Daumenregeln (‚solche Fälle behandeln wir immer so') können hier als eingelebte Routinen zu einer Beschleunigung beitragen. Für Unternehmen kann solch beschleunigtes Entscheiden durchaus funktional sein. Sei es, weil ‚schnelle' Entscheidungen von Kunden geschätzt werden (etwa wenn es um Reklamationen, Sonderanfertigungen, Kulanzen oder Ähnliches geht), oder sei es, weil informale Abstimmungen auch interne Entscheidungen (oder Entscheidungsvorbereitungen) und Informationsflüsse beschleunigen können, in deren Folge Innovationen schneller Eingang in den Markt finden. Für öffentliche Verwaltungen oder Gerichte mag vor allem wichtig sein, dass Entscheidungen und Verfahren gesetzeskonform erfolgen, damit sie auch juristischen Einwänden und Prüfungen standhalten. Zeit spielt in diesen Kontexten in der Regel keine besondere Rolle. Anträge und Klagen werden einfach in der Reihenfolge ihres Eingangs bearbeitet; und als Bürger bzw. Kläger weiß man, dass teils mit erheblichen Bearbeitungszeiten zu rechnen ist und dass Gerichtsprozesse nicht nur Geld und Nerven, sondern eben auch Zeit kosten. Für Unternehmen, die in einem kompetitiven Marktumfeld agieren, ist Zeit hingegen chronisch knapp (Luhmann 1971). Vor diesem Hintergrund können informale ‚Abkürzungen' auch aus einer Unternehmensperspektive durchaus nützlich sein.

Auch gibt es keinen Anlass anzunehmen, dass beschleunigte Entscheidungsprozesse zwingend ‚schlechtere', weniger informierte oder inkompetentere Entscheidungen hervorbringen. Im Gegenteil: je weiter die Probleme in der Hierarchie nach oben gereicht werden, um dort entschieden zu werden, desto mehr sind sie auch der Kenntnis des konkreten Falls und seiner Tücken entzogen. In diesem Sinne fallen Entscheidungskompetenz und Fachkompetenz in Unternehmen regelmäßig auseinander. Informale Kooperationsmuster können dann gerade dazu beitragen nicht nur schneller zu einer Entscheidung zu kommen, sondern auch zu sachlich angemesseneren Entscheidungen.

Informalität als Inkubator für Innovationen

Informalität kann aber nicht nur dazu beitragen, die ‚Langsamkeit der Formalität' zu vermeiden. In sachlicher Hinsicht bietet Informalität zudem die Chance, Neues auszuprobieren. Für die Entwicklung neuer Produkte mag dies wenig wahrscheinlich sein. Allerdings hat etwa Google genau dieses einige Zeit lang sehr radikal versucht und seinen Mitarbeitern einen Tag pro Woche zur Verfügung gestellt, damit diese an eigenen Projekten werkeln. Weit größere Bedeutung und Verbreitung dürften informale Strukturen jedoch mit Blick auf die Anpassung von Informationsflüssen haben.

Bestimmte Kooperationsformen, Diskussionsanlässe und Unterstützungsverhältnisse können ausprobiert und – sofern sie sich bewähren – wiederholt werden, oder eben auch nicht. Auf diese Weise kann eine ganze Reihe im Prinzip möglicher Strukturen konkret getestet werden, ohne dass dahinter schon eine zweckspezifische Absicht oder gar gesamtunternehmerische Rationalisierungsmotive stehen müssen und auch ohne dass im Vorfeld aufwendige (formale) Entscheidungsverfahren notwendig wären. Im Ergebnis mag dann entweder schlicht eine vorteilhafte Praxis entstehen, die in das Geflecht informaler Erwartungen eingehegt wird, oder es kann später – gleichsam nach erfolgreichem Test – zu einer ex-post-Formalisierung kommen: Man sieht, dass es funktioniert und passt die formalen Kommunikationswege und Entscheidungsprogramme entsprechend an. Das in vielen Unternehmen zu findende ‚Betriebliche Vorschlagswesen' oder Konzepte des ‚Kontinuierlichen Verbesserungsprozesses' (KVP) sind Versuche, das Wissen der Mitarbeiter über lokale Arbeitszusammenhänge, deren Defekte und informale Kompensationsstrategien zu nutzen, um die Formalstrukturen entsprechend anzupassen.

Das Problem des Innovationsdrucks besteht für Unternehmen aber nicht allein darin, sich schnell zu ändern oder möglichst viele Ideen zu produzieren und auszuprobieren. Vielmehr ist auch die tatsächliche Umsetzung von formal entschiedenen Innovationen bzw. Strukturänderungen selbst problembeladen. Wir hatten dies bereits im letzten Kapitel unter dem Stichwort ‚Strukturträgheit' von Organisationen angesprochen. Gerade weil die meisten Reformen nicht von denjenigen, die über sie entscheiden, auch umgesetzt werden müssen, finden sich in Unternehmen Verharrungstendenzen. Es mag dann zwar Entscheidungen des Managements für konkrete Reformmaßnahmen geben und diese mögen auch noch – ggf. in Begleitung durch Unternehmensberater – mit einiger Verve angegangen werden. Häufig verlaufen solche Projekte dennoch im Sande, weil im Detail Schwierigkeiten auftreten, die nicht antizipiert wurden, weil die ‚Verlierer' der Reform sich geschickt in Passivität üben oder weil die Aufmerksamkeit des Managements längst zu neuen Problemen weitergewandert ist (Luhmann 2000: 330ff.).

Vor diesem Hintergrund haben empirische Studien bereits in den 1970er Jahren gezeigt, dass „Macht- und Fachpromotoren" einen entscheidenden Faktor für die tatsächliche Umsetzung von Reform- und Innovationsprojekten darstellen (Witte 1973). Angesprochen ist mit diesem Promotoren-Modell der Umstand, dass es zur Implementierung von Reformen immer auch einzelner Personen bedarf, die sich mit besonderem Engagement – und das heißt auch, über das formal einforderbare Maß hinaus – für die entsprechenden Projekte einsetzen. Dies kann dann sowohl darauf hinauslaufen, Expertise zur Verfügung zu stellen („Fachpromotoren"), wie auch darauf, die eigene hierarchische Position einzubringen, um Widerstände aufzubrechen und Blockaden ebenso wie Engagement zu sanktionieren („Machtpromotoren"). Während der Fachpromotor „Fähigkeitsbarrieren" abbauen helfen kann, hilft der Machtpromotor dabei, „Willensbarrieren" zu überwinden. In neuerer Zeit sind zudem weitere Leistungen von Promotoren ins Blickfeld geraten. Diese fokussieren zum einen die Notwendigkeit, an unterschiedlichen Stellen im Unternehmen Unterstützer zu gewinnen, womit dann Kenntnisse der Organisationsstruktur („Prozesspromotoren") bedeutsam werden (Hauschildt und Chakrabarti 1988). Zum anderen wurde auf die Bedeutung von „Beziehungspromotoren" hingewiesen, die über gut ausgebaute persönliche Netzwerke verfügen, was gerade für Innovationsprojekte relevant sein kann, an denen mehrere Unternehmen beteiligt sind (Gemünden und Walter 1995).

Informalität als brauchbare Illegalität

Bisher haben wir ein Bild von Informalität gezeichnet, welches schon erahnen lässt, dass die informal gebildeten Erwartungen nicht nur ‚Formalisierungslücken' füllen, sondern dass sie auch durchaus im Widerspruch zu formalen Erwartungen stehen können. Ein einschlägiges Beispiel hierfür liefern Joseph Bensman und Israel Gerver (Bensman und Gerver 1963). Sie untersuchten den Einsatz eines Spezialwerkzeugs – des Gewindebohrers – in einer Flugzeugfabrik. Bei der Montage von Tragflächen kam es aufgrund von Ungenauigkeiten im Produktionsprozess regelmäßig zu Situationen, in denen sich Schrauben nicht genau in die Muttern einpassen ließen. Die formal vorgesehenen Korrekturen wären extrem zeitaufwendig, wohingegen das Bohren eines neuen Gewindes eine sehr zeitsparende Alternative darstellte. Aufgrund von Sicherheitserwägungen und angesichts einer externen Kontrolle durch Aufsichtsbehörden war der Einsatz und schon der Besitz des dafür erforderlichen Gewindebohrers jedoch formal strikt verboten. Bei Verstößen drohte die fristlose Entlassung.

Bemerkenswert ist, dass einerseits sowohl die Verfügbarkeit wie auch der Einsatz des Gewindebohrers innerhalb der Fabrik stark verbreitet waren, dass andererseits dieser Einsatz gleichwohl stark informal reglementiert war. So hatten etwa nur erfahrene Arbeiter Zugriff auf den Gewindebohrer. Da die unternehmensinterne Beurteilung der Vorarbeiter und mithin auch ihre Karrierechancen von der in ihrer Gruppe erreichten Produktivität abhingen, hatten auch sie ein Interesse an möglichst reibungslosen Fertigungsschritten. Trotzdem konnten sie den Einsatz des Gewindebohrers nicht formal anordnen. Stattdessen bildeten sich besondere Codes heraus, um in konkreten Situationen signalisieren zu können, dass der Einsatz des Gewindebohrers gewünscht sei.

Dieser Fall macht deutlich, dass informale Erwartungen – und das ist nicht selten – auch in Konflikt mit formalen Erwartungen stehen können. Selbst wenn sie dabei nicht in einem juristischen Sinne gegen Gesetze verstoßen, verletzen sie doch das ‚Organisationsrecht'. In diesem Sinne sind sie illegal. Gleichwohl – und darauf macht der von Niklas Luhmann (1964: 304-314) eingeführte Begriff der ‚brauchbaren Illegalität' aufmerksam – handelt es sich dabei nicht (jedenfalls nicht notwendigerweise) um Verstöße, die dem persönlichen Vorteil der Organisationsmitglieder dienen. Vielmehr kann die Verletzung formaler Erwartungen durchaus der Zweckverfolgung des Unternehmens dienlich sein. Von einer höheren Produktivität profitieren eben nicht allein Arbeiter und Vorarbeiter, sondern letztlich auch das gesamte Unternehmen.

Dort, wo informale Regelungen nicht allein die formalen Organisationserwartungen verletzen, sondern auch gesetzlichen Vorgaben widersprechen, sind solche Regelabweichungen jedoch mit besonderen Risiken für die Organisation verbunden. Wenngleich auch in diesen Fällen die Regelverletzungen dem Unternehmen dienlich sein mögen, wird die gesellschaftliche Umwelt des Unternehmens sie kaum ignorieren. Wie man z.B. am Fall des im Jahre 2015 bekannt gewordenen ‚Diesel-Gate' bei Volkswagen lernen kann, sind Gerichtsprozesse und massenmediale Skandalisierungen die typischen Folgen. Und die mit ihnen verbundenen direkten (Verfahrenskosten, Strafzahlungen) und indirekten (Imageschäden, Absatzrückgang) Kosten sind die Hauptrisiken (siehe dazu auch Kap. 3.3).

Folgen und Implikationen informaler Strukturen

Die bisher beschriebenen Funktionen der Informalität zeigen, dass informale Strukturen durchaus dazu beitragen können, die Zweckerreichung des Unternehmens zu stützen, oder – im Sinne einer „Systemrationalität" (Luhmann 1977) – zusätzliche Leistungen für das Unternehmen zu ermöglichen, die zwar nicht unmittelbar auf den Zweck bezogen sein mögen, gleichwohl aber der Anpassungsfähigkeit zuträglich sein können. Dies ist aber nur die eine Seite. So sind jenseits aller Adaptivitätspotentiale mit informalen Strukturen doch auch einige Implikationen verbunden, die nicht unbedingt zum Bestandserhalt des Unternehmens beitragen. Diese Implikationen und Folgen von Informalität ebenfalls zu kennen, ist aber notwendig, um Unternehmen angemessen verstehen und konkrete Fälle analysieren zu können.

Die Strategien des Mitglieds: Mikropolitische Perspektiven

Für jemanden ohne Unternehmenserfahrung mögen die Ausführungen über Informalität regelrecht abenteuerlich klingen. Wer Unternehmen vor allem von deren eigenen Internetauftritten oder aus der massenmedialen Berichterstattung kennt, oder wer vor allem mit Managementkonzepten in Berührung gekommen ist, der wird eine eher rationalistische Vorstellung von Unternehmen haben. Unternehmen erscheinen dann als (mehr oder weniger) perfekt geplante Gebilde. Und wo es nicht rund läuft, da muss umgeplant werden: das Unternehmen als ‚Formal-Maschine'.

Wer aber eine Weile in einem Unternehmen beschäftigt ist, dem wird eine Menge des bisher Besprochenen bekannt vorkommen. Vielleicht kennt er nicht die begrifflichen Konzepte ‚Formalität' und ‚Informalität', die damit beschriebenen Phänomene dürften aber jedem mit ein wenig Unternehmenserfahrung wohl vertraut sein. Gerade weil dieses Wissen um die Differenz von Formalität und Informalität kein rein wissenschaftliches ist, sondern es vielmehr für jedes Mitglied unverzichtbar ist, um kompetent in Unternehmenskontexten handeln zu können, entfalten sich entlang dieser Differenz in der Unternehmenspraxis auch *strategische Spiele*.

Angesprochen ist damit der Umstand, dass die Ziele der Mitglieder durchaus mit den offiziell proklamierten Unternehmenszwecken oder den sonstigen Bestandserfordernissen von Unternehmen in Konflikt geraten können. So mag die eigene Karriere oder auch nur ein etwas weniger stressiger Arbeitstag davon abhängen, dass andere Mitglieder oder Abteilungen des Unternehmens mit ihren Ideen scheitern, oder davon, dass das Wissen um die Unverzichtbarkeit der eigenen Stelle und der eigenen Fähigkeiten im Unternehmen bekannt und präsent sind. Solche Formen strategischen Handelns werden in der Organisationsforschung als ‚Mikropolitik' bezeichnet (Burns 1961; Küpper und Ortmann 1986). Mikropolitik bezeichnet dabei weniger eine informale Struktur als vielmehr einen Modus des Handelns, in dem Organisationsmitglieder die Differenz von Formalität und Informalität geschickt zur Erreichung eigener Zwecke handhaben.

Das klassische Beispiel in diesem Zusammenhang ist der Wartungsarbeiter, dessen Aufgabe es ist, die Ausfallzeiten von Fertigungsmaschinen zu minimieren. Aufgrund seiner spezifischen Expertise hat er eine wichtige Bedeutung. Sichtbar wird diese Bedeutung aber nur dann, wenn der Wartungsarbeiter von Zeit zu Zeit auch tatsächlich als ‚Retter' in Erscheinung treten kann, damit sich alle seiner Kompetenz (und ihrer eigenen Abhängigkeit) erinnern können. Um solch heroische Momente erleben zu können, mag es dann eine probate Strategie sein, nicht unmittelbar nach dem Ausfall einer Maschine zu erscheinen, sondern die Betroffenen warten zu lassen. Strukturell ähnlich gelagert ist der Fall von unternehmensinternen IT-Spezialisten und Administratoren. Auch sie verfügen über ein Sonderwissen, auf dessen Grundlage sie auch jenseits der formalen Hierarchie herausgehobene Positionen einnehmen können. Und da die momentane Arbeitsbelastung der IT-Spezialisten für andere Abteilungen innerhalb des Unternehmens intransparent ist, erscheint es ratsam, auch informal gute Kontakte zu unterhalten, sofern man an einer zügigen Behebung eigener EDV-Probleme interessiert ist.

Neben dem in diesem Beispiel angeführten Sonderwissen gibt es weitere „Machtquellen" (Crozier und Friedberg 1993: 49-55), die zur Stärkung der mikropolitischen

Position beitragen können. So nennen Michel Crozier und Erhard Friedberg etwa die Besetzung von *Schlüsselstellen im Kontakt mit der Umwelt* (wie man dies von manchen Außendienstmitarbeitern kennt) oder die *Kontrolle von internen Informationsflüssen* (die es ermöglicht, Informationen mehr oder weniger unmittelbar und mit selbst gewählten Akzentuierungen weiterzugeben). Aber auch weiter oben in der Hierarchie fällt mikropolitisches Potential an. Dieses speist sich vor allem aus dem Umstand, selbst entscheiden zu können, wann welche formalen Regeln zitiert und ernst genommen werden oder wann von den formalen Vorschriften abgesehen und ,ein Auge zugedrückt' wird (Crozier und Friedberg 1993: 53f.; Bosetzky 2010).

Gerade die Einsichten im Umfeld der Forschungen des mikropolitischen Ansatzes machen deutlich, dass das einzelne Organisationsmitglied in seinem Handeln weder von den formalen noch von den informalen Strukturen des Unternehmens determiniert wird. Vielmehr ist immer auch damit zu rechnen, dass individuelle oder gruppenbezogene Interessen verfolgt werden, auch wenn diese im Konflikt zu den Zielen des Unternehmens stehen. Karrieremuster und die unternehmensinterne Verteilung knapper Ressourcen dürften dabei wesentliche Bezugspunkte sein. Die Formalität und Informalität des Unternehmens markieren in diesen Spielen lediglich Rahmenbedingungen, mit denen strategisch rechnen muss, wer mikropolitisch erfolgreich agieren möchte.

Die Empfindlichkeit für personellen Wechsel: Grenzstellen und Netzwerke

Im Zusammenhang mit der Diskussion formaler Unternehmensstrukturen haben wir betont, dass Unternehmen eine abstrakte Stellenordnung aufbauen. Damit machen sich Unternehmen – durch Formalisierung – dann insofern von konkreten Personen relativ unabhängig, als sie Personal austauschen und Stellen neu besetzen können, ohne gleichzeitig auch die anderen Entscheidungsprämissen (Programme und Kommunikationswege) ändern zu müssen.

Im Anschluss an unsere Ausführungen zur Informalität ergibt sich nun ein komplexeres Bild der Dinge. So zeigt sich, dass sich das Unternehmen als Organisationssystem nicht in seiner Formalstruktur erschöpft. Vielmehr konnten wir sehen, dass auch die informalen Strukturen von erheblicher Bedeutung für Unternehmen sind, und dass diese für personellen Wechsel sehr wohl empfindlich sind. Dabei ist es aus einer organisationswissenschaftlichen Perspektive weniger interessant, ob der neue Kollege ,schlecht ins Team passt', ob er sich zu einem Außenseiter entwickelt, der auf keine Geburtstagsparty eingeladen wird, oder ob er immer für gute Stimmung sorgt. Wenn man aber bedenkt, was wir über die Bedeutung von Promotoren in Innovationsprozessen gesagt haben, oder über die bei einem Chefwechsel auftretenden Unsicherheiten, dann wird erkennbar, dass personelle

Wechsel mit Blick auf den Bereich des Informalen sehr wohl einen Unterschied machen. Und sie erlangen damit gerade auch für das Unternehmen als ganzheitliches Organisationssystem Bedeutung.

Eine zusätzliche Dimension der Personalsensibilität findet sich dort, wo nicht allein unternehmensinterne Beziehungen auf informalen Strukturen beruhen, sondern dies auch für Kontakte zur Umwelt gilt (Kieserling 2009). In der Regel versuchen Unternehmen wenigstens die Kontakte zu regelmäßig relevanten Umweltausschnitten (also z. B. Kunden- und Zuliefererkontakte, Pressekontakte, Kontakte zur Politik – seien es politische Parteien oder Verbände – und Ähnliches) zu formalisieren, indem sie Grenzstellen einrichten (vgl. oben Kap. 3.1). Dabei kommt es zur Ausbildung von „Zwischensystemen", die „oft den Charakter mehr oder weniger gefestigter, dauerhafter ‚persönlicher Beziehungen' an[nehmen], auf die man wiederholt und wechselseitig zurückgreifen kann" (Luhmann 1964: 227). Solche persönlichen Beziehungen mögen dann entscheidend für die erfolgreiche Ausübung der Grenzstellenfunktion sein, da die zentrale Grundlage der Beziehung das *Vertrauen in die konkrete Person* und nicht in die Organisationsstelle ist. In diesen Bereichen des Unternehmens ist ein personeller Wechsel daher ebenfalls höchst sensibel. Ablesbar ist dies zum einen an gesetzlich festgeschriebenen Sperrfristen, die verhindern sollen, dass ausscheidende Mitarbeiter ‚ihre' Kunden zu einem neuen Arbeitgeber ‚mitnehmen'. Zum anderen liefert die Kenntnis um die Wirkmechanismen persönlicher Beziehungen auch eine wichtige Grundlage, um erklären zu können, warum ehemalige Spitzenpolitiker nach ihrer politischen Karriere häufig sehr leicht eine Stelle in den Aufsichtsräten großer Unternehmen finden, oder mit Beraterverträgen ausgestattet werden: Sie kommen eben nicht allein, sondern mit einer Reihe weiterhin aktivierbarer und nützlicher Netzwerkkontakte.

Fazit: Die Fiktion eines Managements der Informalität und die Realität der informalen Eigendynamik

Die diskutierten Beispiele haben einerseits zeigen können, dass im Bereich des Informalen mikropolitische Spiele vorkommen, in denen die Unternehmensmitglieder vor allem eigene Ziele verfolgen. Gespielt wird dabei überall; auch dort wo dies ‚auf Kosten des Unternehmens' geht – so lang man selbst nur gut dasteht. Andererseits haben wir aber auch gesehen, dass informale Regeln zu einer sehr geschmeidigen Form der Kooperation und Koordination führen können, die Unternehmen mit großer Flexibilität ausstatten und sogar Kontrolle in Teilen ersetzen können. Und selbst im Rahmen von Innovationsprozessen können informale Konstellationen sowohl zum Gelingen wie auch zum Scheitern entsprechender Projekte beitragen, so dass sie offenbar auch in diesen Kontexten eine kritische Rolle spielen.

Gerade weil die Folgen informaler Strukturen derart ambivalent ausfallen können, verwundert es kaum, dass Informalität auch zum Gegenstand von Managementinitiativen geworden ist. Vor allem unter Schlagworten wie ‚Unternehmenskultur' oder ‚Corporate Culture' wird in zahlreichen Unternehmen versucht, dem ‚informalen Wildwuchs' Einhalt zu gebieten, seine fruchtbaren Triebe zur Blüte zu bringen, dabei jedoch alle destruktiven Varianten auszuschließen. Dieses Vorhaben unterscheidet sich kaum von jenem der Human-Relations-Schule: Informalität instrumentalisieren zu wollen und sie in den Dienst der Erreichung offizieller Unternehmenszwecke zu stellen.

Aus einer wissenschaftlich-analytischen Perspektive muss man gegenüber solchen Ansinnen allerdings die größte Skepsis hegen. Zum einen handelt es sich bei den genannten Initiativen zur Gestaltung einer ‚Corporate Culture' bei genauerem Hinsehen um Versuche, informale Strukturen in (quasi-)formale Strukturen zu überführen. An Mitarbeiter verteilte oder öffentlich ausgehängte Verhaltensrichtlinien und Gebote des Umgangs miteinander (etwa ‚Codes of Conduct') deuten eher darauf hin, dass es sich dabei gerade nicht um eine im Unternehmen selbstverständlich gelebte Praxis handelt. Die grundsätzliche Differenz von Formalität und Informalität als zwei Prinzipien der Strukturbildung in Unternehmen ist damit jedenfalls nicht aufzuheben – so sehr man auch für die Kontrollvisionen des Managements Verständnis haben mag.

Die aus organisationswissenschaftlicher Perspektive eigentlich interessante Erkenntnis im Zusammenhang mit Phänomenen der Informalität liegt daher auch nicht in der Frage, ob und wie sich Informalität ‚zum Wohle des Unternehmens' in Dienst nehmen lässt. Vielmehr sind die Einsichten über informale Strukturen und den an ihnen sich entfaltenden Eigendynamiken wertvoll, weil sie ein eigenes Erklärungspotential besitzen, das zur Analyse von Unternehmen beitragen kann. Wer immer ein Unternehmen bzw. konkrete Phänomene innerhalb eines Unternehmen verstehen möchte – sei es als Student oder Forscher der Organisationswissenschaften, als Unternehmensberater, als Manager oder als Mitarbeiter in einem Unternehmen –, wird kaum zu einer gehaltvollen Einsicht gelangen, wenn sie oder er nicht in der Lage ist, zwischen Formalität und Informalität zu unterscheiden und die wechselseitigen Bezugnahmen beider Strukturtypen zu kennen.

Aus einer solchen Perspektive erscheint es dann auch weder sinnvoll, auf die Formalisierung informaler Strukturen zu drängen, noch die Formalität zu bekämpfen. Vielmehr stellen Formalität und Informalität Komplementärphänomene dar, mit denen in der einen oder anderen Form *immer* zu rechnen sein wird.

3.3 Die Schauseite des Unternehmens

Im Zuge der bisherigen Analysen und Beschreibungen haben wir uns vor allem mit der operativen Praxis des Unternehmens beschäftigt, mit der Herstellung von Entscheidungen, der Einrichtung von Formalstrukturen oder den faktischen Abläufen und Erwartungsgefügen der Informalität. Dabei wurde bereits die Bedeutung der Umwelt des Unternehmens (also etwa Kunden, Nichtregierungsorganisationen, rechtliche Regulierungen, die Massenmedien und natürlich auch Konkurrenten) verschiedentlich thematisiert. Ein Großteil der organisationalen Aktivitäten zur Informationsbeschaffung und Entscheidungsanfertigung erschienen in diesem Zusammenhang als Versuche des Unternehmens, sich auf Probleme in der Auseinandersetzung mit der Umwelt und den dabei anfallenden Unsicherheiten einzustellen (,Was lässt sich zu welchem Preis verkaufen?', ,Mit welchen Überraschungen wartet die Konkurrenz auf?' etc.).

Ein für alle Organisationen typischer und für Unternehmen besonders relevanter Aspekt konnte im Rahmen dieser Beschreibungen jedoch noch keinen Platz finden: die Außendarstellung. Wer immer sich einem Unternehmen nähert und versucht, etwas über die fragliche Organisation zu erfahren, wird kaum jemals direkt einen Blick auf die Praxis des Entscheidens, auf all die informalen Spiele und auf strukturelle Widersprüchlichkeiten oder Probleme erhaschen. Stattdessen findet man sich mit einer wohl ausstaffierten Fassade – mit der „Schauseite" (Luhmann 1964: 112ff.) – des Unternehmens konfrontiert. Diese erlaubt allenfalls selektive Einblicke in das innere Geschehen und hält bisweilen Präsentationen bereit, die kaum noch etwas mit den faktischen Abläufen im Unternehmen zu tun haben.

Messestände, Eingangsbereiche und Empfangsräume am Firmensitz, Internetauftritte, Hochglanzbroschüren, Pressesprecher, Uniformen oder das diskriminierungsfreie Lächeln von Flugbegleitern sind Manifestationen eben dieser Schauseite. Bei aller Unterschiedlichkeit eint diese Beispiele, dass sie das faktische Geschehen innerhalb des Unternehmens vor Blicken von außen verbergen. Sie sind die „Vorderbühne" des Unternehmens, auf der jene Inszenierungen aufgeführt werden, die auf der „Hinterbühne" (Goffman 2008: 99ff.) – im Back-Office – vorbereitet wurden. Unternehmen sind regelrecht Experten darin, sich gegenüber unerwünschten Einblicken abzudichten; sie sind Spezialisten der Intransparenz. Für Organisationsforscher ist dies einerseits die Ursache manch frustrierenden Moments und zudem ein Ärgernis, weil jede halbwegs interessante empirische Studie wenigstens in Teilen auch Einblicke auf die Hinterbühne von Unternehmen wird werfen müssen. Andererseits liefert die massive Verbreitung von errichteten Fassaden und aufgehübschten Schauseiten doch ihrerseits hinreichend Anlass, über die Gründe und Folgen dieses Phänomens nachzudenken: Wieso gestatten Unternehmen Außenstehenden keinen ungefilterten Blick auf ihre internen Abläufe?

Fassaden sollen gefallen – Umwelterwartungen als Bezugsproblem von Unternehmensdarstellungen

Der Hauptgrund, warum Unternehmen Fassaden der Außendarstellung errichten, liegt in dem Umstand begründet, dass die faktischen Strukturen, Praktiken und Abläufe in Unternehmen häufig nicht den gesellschaftlichen Erwartungen entsprechen. Im drastischsten Fall läuft dies auf Gesetzesverstöße hinaus, wie wir sie z. B. im Kapitel 3.2. mit Blick auf die Manipulation von Abgaswerten bei Volkswagen gesehen haben: Wer betrügen möchte, kann dies schlecht im Lichte der Öffentlichkeit tun.

Gesetze sind aber bei Weitem nicht die einzige Form von Umwelterwartungen. Auch Kunden hegen bestimmte Erwartungen an Unternehmen, etwa bezüglich der Qualität oder der Preise von Produkten, oder dahingehend, dass im Bedarfsfall kompetente Ansprechpartner zur Verfügung stehen, diese also relativ problemlos zu identifizieren und möglichst leicht zugänglich sind. Kapitalgeber hegen Profiterwartungen und erwarten dementsprechend eine möglichst rationale und kostensparende Organisationsstruktur. Nichtregierungsorganisationen (und möglicherweise auch ein entsprechend sensibilisierter Teil der Kundschaft) erwarten die Einhaltung von Umwelt- oder Sozialstandards, auch bzw. gerade wenn diese (noch) nicht gesetzlich vorgeschrieben sind. So haben in den letzten Jahren etwa – zumindest in Europa – so genannte Corporate Social Responsibility-Programme eine große Aufmerksamkeit erfahren (Shanahan und Khagram 2006: 208ff.). Corporate Social Responsibility-Programme finden ihren Halt vor allem in zwei Initiativen der Vereinten Nationen (UN): dem ‚Global Compact' einerseits sowie der ‚Global Reporting Initiative' andererseits. Beide Programme sind in Kooperation mit Nichtregierungsorganisationen entstanden und definieren verschiedene thematische Bereiche, in denen Unternehmen im Sinne einer Selbstbindung ‚sozial verantwortlich' handeln sollen (Mühle 2010). Für Unternehmen bedeutet dies vor allem, regelmäßig Berichte und Reports zu verfassen, in denen sie ihre Maßnahmen und deren Effekte benennen – und die Informationen öffentlich zugänglich, also nach außen sichtbar zu machen.

Solchen institutionalisierten Umwelterwartungen können sich Unternehmen insofern nur schwer entziehen, als ihnen die Konformität mit diesen Erwartungen den Zugang zu Ressourcen erleichtert. Dies kann die Absatzchancen für die eigenen Produkte betreffen, aber auch die Vermeidung von gesetzlichen (und damit bindenden) Regulierungsinitativen oder die Attraktivität als Arbeitgeber und damit die Chancen, qualifiziertes Fachpersonal für das eigene Unternehmen gewinnen zu können. Es gilt aber auch noch – und insbesondere – dort, wo Unternehmen sich nicht mehr primär über die Abgabe selbst erstellter Leistungen refinanzieren, sondern auf Subventionen angewiesen sind, deren Zuweisung häufig ihrerseits von der Einhaltung bestimmter Erwartungen abhängt.

Wer welche konkreten Erwartungen an ein bestimmtes Unternehmen hegt, ist eine empirische Frage. Gleichwohl lassen sich mindestens drei allgemeine Probleme benennen, die uneingeschränkte Volleinblicke in die unternehmerische Binnenwirklichkeit problematisch erscheinen lassen. Ihnen wollen wir uns zunächst genauer widmen.

Überzogene Einheitsfiktionen und die Realität unternehmensinterner Differenzierung

„Das Wort Organisation ist ein Substantiv und es ist außerdem ein Mythos. Wenn Sie nach einer Organisation suchen, werden Sie sie nicht finden" (Weick 1985: 129). Selbst wenn man Karl Weick in dieser radikalen Zuspitzung nicht uneingeschränkt folgen möchte, wird in dem Zitat doch ein Umstand angesprochen, der für Unternehmen auch unter dem Gesichtspunkt der Außendarstellung bedeutsam ist: Die Organisation ‚als Ganzes‘ oder ‚als Einheit‘ bekommt man faktisch nie zu Gesicht. Zwar sind Unternehmen (als Einheit) durchaus adressierbar, sie haben ‚Sitz‘ und ‚Adresse‘ und sie können sogar – als juristische Person – verklagt werden. Dennoch ist jeder Kontakt mit einem Unternehmen letztlich immer der Kontakt mit einem oder mehreren Mitgliedern: Man wählt die im Telefonbuch verzeichnete Rufnummer – und es meldet sich eine Person!

Im Kapitel 3.1 haben wir bereits gesehen, dass Unternehmen mittels Formalisierung Zuständigkeiten zuweisen können. Diese Zuständigkeiten können auch repräsentative Rollen umfassen, so dass man bei einem Anruf im Call-Center eines beliebigen Telekommunikationsunternehmens zwar einen konkreten Gesprächspartner am Telefon haben mag (Person), man gleichwohl aber mit dem Unternehmen spricht (Organisation). Dieses kleine Beispiel macht schon deutlich, wie Unternehmen durch das Ausweisen von Ansprechpartnern und mithin durch die Zuteilung von repräsentativen Rollen eine Einheits*fiktion* stiften. Schließlich hat es der Kunde in diesem Beispiel bei genauerem Hinsehen ‚nur‘ mit einer spezifischen Stelle zu tun, die eine *bestimmte Version* von ‚dem Unternehmen‘ bereitstellt. Privatkunden haben dabei in der Regel andere Ansprechpartner (und Konditionen) als Geschäftskunden und innerhalb dieser werden so genannte ‚Key Accounts‘ möglicherweise besonders umsorgt.

Letztlich verdecken solche Stellen, die über ein legitimiertes Stellvertretungsmandat verfügen, also, dass es sich bei Unternehmen um intern differenzierte Organisationen handelt und dass in der Regel innerhalb der einzelnen Abteilungen nicht nur gänzlich unterschiedliche Relevanzen vorherrschen, sondern auch unterschiedliche Bilder von ‚dem Unternehmen als Ganzes' (Einheit) dominieren. Der Verzicht auf Fassaden würde entsprechende Einheitsfiktionen unterlaufen. Und es würde sichtbar werden, dass Unternehmen kein monolithischer Block sind, sondern dass sie eher am „Multiple-Self-Syndrom" (Wiesenthal 1990) leiden. Als abstrakte Einsicht ist dieser Umstand unproblematisch. Als konkrete Erfahrung würde die Volltransparenz jedoch ein hohes Maß an Unsicherheit hervorrufen, weil das Publikum des Unternehmens mit einer Reihe von parallel existierenden Realitäten konfrontiert wäre, die sich in Teilen widersprächen und von denen nicht unbedingt sofort erkennbar wäre, welche im jeweiligen Fall Gültigkeit besitzt. So besehen ist die ‚Einheitsfiktion' eine funktionale Komplexitätsreduktion, die es der Außenwelt erheblich erleichtert, mit Unternehmen in Kontakt zu treten.

Der Imperativ der Rationalität und die Irrationalität der Praxis

Die Ausführungen der vorangegangenen Abschnitte haben verschiedentlich deutlich werden lassen, dass Unternehmen keineswegs die perfekt durchrationalisierten Maschinen sind, als die sie oftmals charakterisiert werden. Vielmehr finden sich eine ganze Reihe von Widersprüchlichkeiten und Irrationalitäten, weil einzelne Abteilungen, Ressorts und Departments vor allem ihre je eigenen Ziele verfolgen und sich deswegen mikropolitische Spiele ausbilden. Statt perfekter Planung, die mit allen Eventualitäten rechnet und Lösungen für diese bereithält, ist die Unternehmenspraxis oftmals eher durch ein „muddling through" (Lindblom 1959) – ein Durchwursteln – gekennzeichnet. Dieser Operationsmodus ist in weiten Teilen unvermeidbar und er kann für Unternehmen sogar funktional sein, wenn man bedenkt, dass er ein hohes Maß an Flexibilität ermöglicht.

Gleichwohl erscheinen rationale Planung und Strukturen sowie effiziente Arbeitsabläufe für Unternehmen äußerst erstrebenswert. Mit ihnen verbunden ist die Hoffnung, Kosten senken und damit die eigene Wettbewerbsposition stärken zu können. Dementsprechend wird bereits in betriebswirtschaftlich orientierten Ausbildungsprogrammen und Studiengängen sowie in weiten Teilen der Unternehmensberatung viel Wert auf eine effiziente bzw. optimierte Organisationsgestaltung gelegt. Hinzu kommt eine reichhaltige Landschaft an Publikationen der Managementliteratur – sei es in Form von Fachzeitschriften oder Fachbüchern –, in denen über neue Trends, ‚best practices' und besonders erfolgreiche Unternehmen als Vorbilder berichtet wird. Von diesen Erfolgsgeschichten ausgehend werden dann abstraktere Konzepte entwickelt, die auch für andere Unternehmen anwendbar sein sollen. Das Angebot entsprechender Konzepte ist groß: Lean Management, Total Quality Management, Gruppenarbeit, Projektteams, Industrie 4.0 und viele Weitere werden als Erfolgsgaranten für Unternehmen ausgewiesen. Sie stellen Rationalität und Zukunftsfähigkeit in Aussicht, wo bisher vermeintlich Ineffizienz und Irrationalität dominieren.

Einerseits wird man nicht bestreiten können, dass Effizienz sich tatsächlich positiv auf die Wettbewerbsfähigkeit von Unternehmen auswirken kann. Andererseits haben vor allem zahlreiche Studien im Kontext des neo-institutionalistischen Forschungsprogramms herausgearbeitet, dass Unternehmen nicht allein ein Eigeninteresse an Rationalität aufweisen, sondern dass sie vor allem aus ihrer Umwelt heraus mit Rationalitätserwartungen konfrontiert werden. Es gehört gleichsam zur gesellschaftlichen Normalvorstellung von Unternehmen, dass diese nach rationalen Prinzipien funktionieren (Brunsson und Sahlin-Andersson 2000). Da Effizienz und Rationalität äußerst abstrakte Ziele sind, von denen gar nicht klar ist, wie sie erreicht werden können, dienen Managementkonzepte nicht allein als Werkzeuge der Rationalisierung, sondern auch als deren Indikatoren, so dass man sich auf sie berufen kann. Sie verselbstständigen sich im Managementdiskurs von Fachzeitschriften, Beraterkreisen und standardisierten Ausbildungsprogrammen zu ‚Rationalitätsmythen‘ (Meyer und Rowan 1977) und zu ‚Moden des Managements‘ (Abrahamson 1991; Kieser 1997). Und nur wer diesen Moden und Mythen Rechnung trägt, kann für sich in Anspruch nehmen, modern und rational zu sein.

Zum Problem für Unternehmen werden die gesellschaftlichen Rationalitätserwartungen dort, wo ihnen nicht ohne Weiteres entsprochen werden kann. Trotz ihrer Prominenz sind Managementkonzepte längst nicht für jedes Unternehmen einfach umsetzbar. Jedes Unternehmen hat seine individuelle Organisationsgeschichte. Im Verlauf dieser Geschichte haben sich spezifische Strukturen herausgebildet, die eine gewisse Trägheit aufweisen. So wird etwa die Abschaffung von Hierarchiestufen oder ganzen Abteilungen ebenso Widerstände provozieren wie die Bedrohung eingespielter informaler Routinen. Hinzu kommen Pfadabhängigkeiten aufgrund von ‚sunk costs‘: Investitionen in Fertigungsmaschinen oder IT-Systeme und auch noch architektonische Gegebenheiten von Gebäuden schränken ein, in welche Richtung und in welchem Umfang Reorganisationsmaßnahmen durchgeführt werden können – erst recht, wenn nur begrenzte Budgets zur Verfügung stehen. Zu sehr unterscheiden sich häufig die im Managementdiskurs angeführten Vorbild-Organisationen, an denen der Erfolg entsprechender Konzepte verdeutlicht wird, von den Bedingungen im eigenen Unternehmen, als dass eine 1:1-Übernahme der Konzepte möglich wäre. Gelegentlich gelingt es, die Konzepte durch Prozesse der ‚Übersetzung‘ (Czarniawska und Joerges 1996) an die lokalen Bedingungen im Unternehmen anzupassen. Bisweilen sind die in Managementkonzepten präsentierten Idealisierungen aber auch schlicht mit den bestehenden Strukturen inkompatibel. Das Dilemma für Unternehmen im Umgang mit Managementmoden und den darin zum Ausdruck kommenden Rationalitätsmythen besteht also darin, dass sie diese kaum ignorieren können, wollen sie nicht als altmodisch, unmodern oder gar irrational gelten; dass sie andererseits diese Konzepte aber häufig kaum oder gar nicht in etablierte und funktionierende Praktiken integrieren können. Einen Ausweg aus diesem Dilemma – so die Kerneinsicht des neo-institutionalistischen Ansatzes – finden Unternehmen, indem sie die entsprechenden Erwartungen und Managementkonzepte zwar nicht in Arbeitsroutinen implementieren, ihnen aber auf ihrer Schauseite Rechnung tragen. Ein Unternehmen behauptet dann z. B. Lean Management oder Gruppenarbeit oder Industrie 4.0 zu praktizieren, ohne aber die faktischen Strukturen entsprechend umzustellen bzw. diese „lofty ideas" (Brunsson 2009: 17) im konkreten Arbeitsalltag durchzusetzen.

Das Problem multipler Umwelten und widersprüchlicher Erwartungen

Rationalität ist zwar eine sehr bedeutsame, aber längst nicht die einzige Erwartung, mit der sich Unternehmen aus ihrer Umwelt konfrontiert sehen. Unternehmen haben es mit einer differenzierten Umwelt zu tun, aus der ganz unterschiedliche Erwartungen an sie herangetragen werden. Während Investoren vor allem Profite erwarten, mag politisierten Konsumenten, Non-Profit-Organisationen oder auch Teilen der Massenmedien vor allem wichtig sein, dass Unternehmen Maßnahmen zum Umweltschutz ergreifen oder Gerechtigkeitsnormen entsprechen.

Unabhängig von den konkreten Erwartungen ist leicht ersichtlich, dass schon aus der *Differenziertheit der Umwelt* und mithin dem *Pluralismus der Erwartungen* selbst eine Herausforderung von eigener Qualität erwächst. Sie besteht vor allem darin, *widersprüchlichen* Erwartungen Rechnung tragen zu müssen. So mag der Verzicht auf Kinderarbeit in Zulieferbetrieben zwar einer entsprechend politisierten Kundschaft des Textilhandels gefallen, dem Ziel, Kosten zu senken, kommen Unternehmen damit aber nicht näher. Und auch der Einsatz umweltschonender Produktionsverfahren ist vor allem kostspielig und wohl nur selten die profitabelste Produktionsweise. Auch dieses Problem multipler Umwelten bearbeiten Unternehmen in Teilen unter Inanspruchnahme ihrer Schauseite. Das spezifische Problem im Zusammenhang mit multiplen Umwelten besteht vor diesem Hintergrund darin, die unterschiedlichen Werte und Erwartungen zu bedienen – auch dort, wo diese Erwartungen einander widersprechen und miteinander nicht zu vereinbaren sind.

Zusammenfassung: Transparenz ist des Unternehmens Feind

Sucht man nach dem Bezugsproblem, auf das Unternehmen sich durch die Errichtung von Fassaden und den Ausbau ihrer Schauseite einstellen, so landet man schnell bei mehr oder weniger konkreten Erwartungen seitens der Umwelt. Die bisherigen Ausführungen haben zudem gezeigt, dass dieses allgemeine Problem verschiede Facetten aufweist und unterschiedliche Zuspitzungen erfahren kann. Eine *erster Problemkreis* besteht darin, dass Unternehmen Eigenschaften zugeschrieben (und von ihnen erwartet) werden, die sie in dieser Form gar nicht aufweisen (überzogene Einheitsfiktionen). Ein *zweiter Problemkreis* besteht darin, dass Unternehmen sich bisweilen mit normativen Ansprüchen aus der Umwelt konfrontiert sehen, denen sie aufgrund ihrer konkreten Situation nicht ohne Weiteres Rechnung tragen können (wie dies für viele Unternehmen mit Blick auf Managementmoden gilt). Und schließlich haben wir gesehen, dass Unternehmen eine *dritte Problemfassung* aus der Tatsache erwachsen kann, dass eine Vielzahl von widersprüchlichen Erwartungen an sie adressiert werden. Dass für die Bearbeitung all dieser Probleme die Schauseite eine wichtige Rolle spielt, wurde bereits angedeutet. Im Folgenden wollen wir uns nun aber genauer ansehen, wie der Aufbau von Fassaden diese Probleme bearbeiten helfen kann.

Die symbolische Bearbeitung von Umwelterwartungen: Zur Entlastungsfunktion der Schauseite

Die im Zeitverlauf wechselnden und zudem widersprüchlichen Erwartungen der Umwelt stellen für Unternehmen in erster Linie eine Zumutung dar. In ihren Kernaktivitäten sind Unternehmen auf Stabilität angewiesen. Die Investition in Fertigungsverfahren und unterstützender Infrastruktur sowie das damit erforderliche Personal mit bestimmten Qualifikationen bringt eine Präferenz für Kontinuität mit sich. Jede neue Mode zum Anlass für fundamentale Reformen zu nehmen, hieße die Organisation in ihrem Inneren (!) in Dauerunruhe zu halten. Anstatt den „operativen Kern" (Thompson 1967) permanent an sich ändernde Umwelterwartungen anzupassen und tiefgreifende Umstellungen vorzunehmen, tragen Unternehmen den entsprechenden Erwartungen daher regelmäßig lediglich symbolisch Rechnung – ganz so, als würde man zwar auf neue Möbel verzichten, aber stets dem Zeitgeist gemäße Gardinen in die Fenster hängen. Für Unternehmen kommen mindestens drei Modi in Frage, dieses ‚Window Dressing' zu betreiben und sich damit von größeren bzw. substantiellen ‚Umbauarbeiten' zu entlasten: die Entkopplung der Schauseite von den faktischen Unternehmensaktivitäten; die Differenzierung der Schauseite und die Harmonisierung widersprüchlicher Erwartungen.

Die Entkopplung von Schauseite und Unternehmensaktivitäten

Dort, wo die Erwartungen an ein Unternehmen entweder mit den situativen Erfordernissen des Unternehmens in Konflikt geraten – also z. B. die Einführung von Lean Management oder Gruppenarbeit nicht ohne Weiteres möglich ist – oder wo die verschiedenen Umwelterwartungen einander unvereinbar widersprechen, können Unternehmen ihre Schauseite von ihren eigentlichen Aktivitäten entkoppeln. Die Darstellungen des Unternehmens auf seiner Schauseite haben dann entweder kaum etwas mit den Vollzugswirklichkeiten im Inneren des Unternehmens zu tun (Meyer und Rowan 1977) oder sie stehen einander sogar entgegen (Brunsson 2003: 205f.).

Nils Brunsson (1989) unterscheidet in diesem Zusammenhang zwischen *talk*, *decision* und *action* als drei Ebenen, auf denen Organisationen Umwelterwartungen Rechnung tragen können. Die *action*-Ebene bezeichnet das eigentliche Geschehen im Inneren des Unternehmens. Die *talk*-Ebene bezeichnet das Reden über Absichten und das Behaupten von Eigenschaften des Unternehmens. Als Ebene des Entscheidens (*decision*) beschreibt Brunsson eine Sonderform des *talks*, die sich dadurch auszeichnet, dass jenseits bloßer Behauptungen bereits unternehmensintern Entscheidungen getroffen wurden, womit (vermeintlich) ein höherer Grad an Verbindlichkeit und Nachprüfbarkeit gegeben ist. Dass auch *decisions* nicht zwangsläufig auf die *action*-Ebene durchschlagen müssen, zeigt sich daran, dass die entsprechenden Entscheidungen in aller Regel auf die Zukunft verweisen, etwa, wenn für die kommenden zehn Jahre Emissionsreduzierungen versprochen oder eine Erhöhung des Frauenanteils im Vorstand innerhalb der nächsten fünf Jahre angekündigt werden.

Gerade weil die Trennung der drei Ebenen letztlich darauf hinausläuft, dass Unternehmen sich von ihren eigentlichen Aktivitäten abweichend inszenieren, spricht Brunsson von ‚organisierter Heuchelei‘. Unternehmen mögen dann z. B. zwar Hochglanzbroschüren drucken, in denen sie ihre ökologische Umsicht feiern (*talk*) oder ökologisch orientierte Reformen für die Zukunft ankündigen (*decision*), faktisch aber weiterhin umweltbelastende Technologien verwenden (*action*). Solche Enthüllungen sind regelmäßig Gegenstand von investigativem Journalismus, der mit Blick auf Unternehmen vor allem daran interessiert ist, zu zeigen, was sich hinter dem Schmuck der Fassaden in Unternehmen tatsächlich abspielt.

Aus einer organisationswissenschaftlichen Perspektive wird man hingegen sehen müssen, dass diese Trennung von *talk, decision* und *action* und die Errichtung einer Schauseite angesichts multipler, konfligierender und mit unternehmensinternen Strukturen schwer zu vereinbarenden Erwartungen für Unternehmen durchaus funktional sein kann. So ermöglichen es sich Unternehmen, auf jeder Ebene *unterschiedliche* Erwartungen und Anspruchsgruppen zu bedienen. Nichtregierungsorganisationen und politisierten Konsumenten mag eine radikale ökologische

Orientierung versprochen werden, während es gerade die Kontinuität in den etablierten Produktionsverfahren sein mag, die es Unternehmen *gleichzeitig* erlaubt,
Investoren auch weiterhin ,exzellente Zahlen' zu präsentieren.

Solche Entkopplungen können durchaus das Ergebnis strategischer Erwägungen des Management sein (Oliver 1991; Suchman 1995). Ebenso stellen sich
entsprechende Entkopplungseffekte aber auch als nicht-intendierte Effekte einer
intern differenzierten Organisation ein. Schon die Tatsache, dass über Pressetexte,
Internetauftritte oder Corporate Social Responsibility-Initiativen an je anderen
Stellen im Unternehmen entschieden wird als etwa über die Weiterentwicklung
und den Einsatz von Produktionstechniken, kann Effekte der Entkopplung mit sich
bringen – auch ohne, dass dahinter zwingend ein geheimer Gesamtplan stecken
müsste. Der Glaube an Geheimpläne mag zwar gerade vor dem Hintergrund weit
verbreiteter Einheitsfiktionen (siehe oben) naheliegen, er erweist sich aber vor dem
Hintergrund unserer Ausführungen zur Formalstruktur, zur internen Differenzierung von Unternehmen und nicht zuletzt auch angesichts informaler Praktiken
und mikropolitischer Spiele als zu einfach.

Die Differenzierung der Schauseite und ihre Voraussetzungen

Die Entkopplung von *talk*-, *decision*- und *action*-Ebene ist ein weit verbreiteter
und gut erforschter Mechanismus zur Bearbeitung von Umwelterwartungen in
Unternehmen. Gerade wenn ein Unternehmen sich sehr vielen Publika mit je unterschiedlichen Erwartungen gegenübersieht, kann es darüber hinaus aber auch zu
einer Differenzierung der Schauseite kommen. Die verschiedenen Erwartungen der
unterschiedlichen Anspruchsgruppen werden dann nicht allein auf unterschiedlichen
Realitätsebenen befriedigt, sondern ihnen werden *je eigene* Schauseiten präsentiert.
Solche Unternehmen betreiben gleichsam einen mehrstimmigen *talk*. Investoren
werden dann andere Einblicke gewährt und andere Informationen geliefert als z. B.
Gewerkschaften, Nichtregierungsorganisationen oder Kunden.

Wichtigste Voraussetzung für das Gelingen einer solchen Polyphonie in der
Außendarstellung ist ein Abdichten der verschiedenen Publika gegeneinander,
also die „Trennung verschiedener Zuschauerkreise" (Luhmann 1964: 115). Wer
jedem etwas anderes sagen möchte, wird darauf bedacht sein müssen, dass nicht
alle alles zu Ohren bekommen. Ein solches Arrangement ist offensichtlich recht
voraussetzungsvoll, da es unter Umständen sehr schwierig sein kann, die jeweiligen Publika gegeneinander abzugrenzen und Schauseiten zielgruppengenau zu
adressieren. Dementsprechend werden solche Versuche oftmals auch im Rahmen
der Formalstruktur abgestützt. Dies kann dann etwa durch die Zuweisung unter-
schiedlicher Kompetenzen – also wiederum interne Differenzierung – erfolgen.
Der Kontakt zu Investoren läuft dann über andere Stellen und Mitglieder als der

Kontakt zu Nichtregierungsorganisationen, Gewerkschaften oder Kunden. Gerade aber weil die jeweiligen Schauseiten *im Prinzip* öffentliche Darstellungen sind, birgt ein solches Vorgehen immer die Gefahr, dass sich die Publika nicht vollständig trennen lassen, wechselseitige Einsichtnahmen erfolgen und folglich Inkonsistenzen in den Darstellungen sichtbar werden.

Wenngleich solche Probleme auch in anderen Organisationstypen vorkommen, zeigen sie sich mit Blick auf Unternehmen doch in besonderer Weise. Gerade weil Unternehmen sowohl auf die Zahlungsbereitschaft ihrer Kunden wie auch auf die Mobilisierung von Kredit- und Investitionszahlungen angewiesen sind, können sie sich nur schwer auf Distanz zu den Erwartungen aus diesen Umwelten bringen. Und da die jeweiligen Zahlungen mit Unsicherheiten belastet sind, bleibt Unternehmen kaum eine andere Wahl, als sich auch noch für die Erwartungen der kritischen Öffentlichkeit zu sensibilisieren – seien dies die kampagnenförmig adressierten Ansprüche von Nichtregierungsorganisationen oder die massenmediale Berichterstattung. Hinzu kommt, dass Unternehmen – aufgrund ihrer umfassenden Entscheidungsautonomie – für ihre Entscheidungen voll verantwortlich gemacht werden können. Von außen betrachtet, hätten Unternehmen praktisch immer auch anders entscheiden können, wenn sie nur andere Prioritäten gesetzt hätten (Geser 1990: 406f.). Demgegenüber können etwa öffentliche Verwaltungen mit deutlich sparsameren Schauseiten auskommen, da sie sich als ,Vollzugseinheiten des Staates‘ inszenieren können, um sich gegen Nachfragen bezüglich ihrer eigenen Entscheidungen mit Verweis auf die geltende Gesetzeslage zu immunisieren.

Die Harmonisierung widersprüchlicher Erwartungen

Angesichts der praktischen Schwierigkeiten bei der Trennung mehrerer Zuschauerkreise besteht eine weitere Möglichkeit, unterschiedlichen und widersprüchlichen Erwartungen Rechnung zu tragen, darin, diese Erwartungen zu harmonisieren. Das heißt: die Widersprüchlichkeiten zwischen zwei oder mehr relevanten Erwartungen werden aufgehoben bzw. in Einklang gebracht. Der Vorteil eines solchen Vorgehens besteht darin, dass die entsprechende Außendarstellung für eine Vielzahl von Anspruchsgruppen abnahmefähig und akzeptabel ist. Das Problem, sich vor ungewollten Blicken schützen zu müssen, würde damit entfallen. Wie aber könnten unterschiedliche – zumal widersprüchliche – Erwartungen mit einer einzigen Version der Schauseite bedient werden?

Ein typischer Mechanismus, der eine solche Harmonisierung widersprüchlicher Erwartungen zu leisten verspricht, ist die Abstraktion. Anders gesagt: je konkreter Erwartungen formuliert werden, desto eher können sie sich als inkompatibel mit anderen, ebenfalls konkreten Erwartungen erweisen. Die Sicherstellung einer ,fairen Entlohnung‘ in der gesamten Wertschöpfungskette mag z. B. kaum mit den Erwartungen einer maximalen Rendite von Investoren vereinbar erscheinen. Abstrahiert man allerdings von der ‚fairen Entlohnung' und stellt Kundenzufriedenheit oder Reputation als einen Faktor dar, der erheblichen Einfluss auf die Absatzchancen und letztlich auf die zu erzielende Rendite hat, so erscheint die Entsprechung der einen Erwartung (faire Löhne) als Mittel zur Erreichung der anderen Erwartung (hohe Renditen). Und auch in umgekehrter Richtung ließe sich möglicherweise ‚wirtschaftlicher Erfolg' als Voraussetzung darstellen, um soziale oder ökologische Projekte realisieren zu können.

Weder die Differenzierung der Schauseite noch die Harmonisierung von Erwartungen durch abstrakte Darstellungen auf der Schauseite sagen etwas über das Verhältnis der Schauseite zur *action*-Ebene aus. Die oben beschriebenen Entkopplungen bleiben weiterhin möglich. Wichtig zu sehen ist allerdings, dass Unternehmen verschiedene Möglichkeiten in der Gestaltung ihrer Schauseite haben, dass sie damit auf je spezifische Problemlagen reagieren können – sie sich aber auch je spezifische Folgeprobleme einhandeln. In jedem Fall liegt die Funktion der Schauseite für Unternehmen vor allem darin, Umwelterwartungen (demonstrativ bzw. symbolisch) Rechnung tragen zu können, ohne jedes Mal auch die Formalstrukturen bzw. die faktischen Abläufe innerhalb des Unternehmens tatsächlich ändern zu müssen. Das Unternehmen kann durch diese Entkopplung seinen etablierten Strukturen und Routinen im operativen Kern verhaftet bleiben (Stabilität), dabei aber zugleich externen Erwartungen nach Modernisierung symbolisch gerecht werden (Wandel).

Wo findet man die Schauseite? Vier Manifestationen der Außendarstellung von Unternehmen

Bisher haben wir die Frage, wie bzw. wo genau die Außendarstellungen von Unternehmen stattfinden, nicht eigens beleuchtet. Jeder Kontakt mit einem Unternehmen konfrontiert Außenstehende zunächst einmal mit der Schauseite des Unternehmens. Diese Erstkontakte können ganz unterschiedlich motiviert sein und sie können an einer Vielzahl von Orten stattfinden – je nachdem, ob man in der Filiale einer Bank ein Konto eröffnen, online einen Flug buchen, die Stellenanzeigen in der Zeitung studieren oder eine Inhaltsanalyse von einer Unternehmenswebsite durchführen möchte. Nicht für jedes Unternehmen und jedes Publikum ist jede Form der Aussendarstellung hilfreich. Auch deswegen ist die Formenvielfalt beachtlich.

Für die wissenschaftliche Auseinandersetzung mit der Schauseite von Unternehmen – und zumal für die Vorbereitung empirischer Arbeiten – lassen sich aber mindestens vier Ebenen unterscheiden, auf denen sich die Schauseite materialisiert, sie sich also konkret beobachten lässt: Texte, Stellen, individuelles Ausdrucksverhal-

ten und Räume. Von analytischer Relevanz ist die Unterscheidung zwischen diesen
Formen der Materialisierung vor allem, weil sie je unterschiedliche Voraussetzungen
ihrer Herstellung haben, sie mit unterschiedlichen Chancen der Formalisierung
einhergehen und sie sich dementsprechend auch in ihren Implikationen unterscheiden, die Unternehmen sich mit der Wahl jeweiliger Darstellungsformen einhandeln.

Texte: Homepages und Hochglanzbroschüren

Eine weit verbreitete Form der Außendarstellung von Unternehmen sind Texte
aller Art. Sofort denkt man heute an Internetauftritte. Praktisch jedes Unternehmen verfügt mittlerweile über eine eigene Homepage, die zumeist vor allem der
Selbstdarstellung dient. Neben Kontaktdaten und Ansprechpartnern finden sich
in aller Regel auch Jahresberichte und natürlich eine ganze Reihe von Unterseiten,
auf denen Unternehmen sich als Träger, Wegbereiter oder als besonders engagierte Verfechter praktisch aller gesellschaftlichen Werte inszenieren. Rationalität,
Nachhaltigkeit, Soziale Verantwortung und Modernität sind dementsprechend
bei allen Unternehmen stark ausgeprägt – jedenfalls in den Selbstbeschreibungen
auf deren Homepages.

Daneben gibt es aber einer Reihe weiterer Texte, in denen sich Unternehmen
präsentieren. Etwa Stellenanzeigen oder Broschüren, die aus verschiedensten
Anlässen (z. B. Jubiläen, Einführung neuer Produkte, Eröffnung neuer Produktionsstätten, Messen, allgemeine Unternehmensinformationen etc.) produziert
und zu unterschiedlichen Gelegenheiten verteilt werden (z. B. Ausstellungen und
Messen, Betriebsbesichtigungen, Kundengespräche, Unfälle oder Krisen etc.). So
unterschiedlich diese Texte der Selbstbeschreibung und Außendarstellung auch
sein mögen, teilen sie doch zwei aus organisationswissenschaftlicher Perspektive
besonders interessante – und folgenreiche! – Merkmale.

Zum ersten sind Texte in dem Sinne explizit, als sie zur Festlegung auf konkrete
Formulierungen zwingen. Es handelt sich bei ihnen um *direkte* Kommunikation,
also um eine Form von Kommunikation, von der später nicht ernsthaft bestritten
werden kann, dass sie stattgefunden hat (Kieserling 1999: 147ff.). Das unterscheidet sie z. B. von allen Formen der Körpersprache, für die, sobald sich das Klima
verschlechtert, immer auch behauptet werden kann, das Verdrehen der Augen sei
ohne kommunikative Absicht, sondern allein aufgrund der trockenen Luft erfolgt.
Ein solches ‚Zurückrudern' ist im Zusammenhang mit Texten praktisch unmöglich.
Was geschrieben steht, das steht geschrieben.

Zum anderen und gerade aufgrund der Explizitheit von Texten wird über die
meisten Texte innerhalb von Unternehmen in einem organisationswissenschaftlichen
Sinne entschieden. Egal ob die Gestaltung und Pflege der Homepage regelmäßig von
Praktikanten übernommen wird, ob es eine spezifisch dafür zuständige Stelle gibt

oder ob Agenturen diese Aufgabe übernehmen – in jedem Fall dürfte es mindestens üblich sein, dass vor der Veröffentlichung ‚noch einmal jemand drüber schaut'. Und je höher der Grad an Professionalität, desto eher gilt mit Blick auf die Anfertigung von Texten der Außendarstellung: Sie werden entworfen, diskutiert, überarbeitet, verworfen und neugestaltet und schließlich irgendwann ‚von oben abgesegnet'.

Diese *Explizitheit* und *Entschiedenheit* führen einerseits dazu, dass Unternehmen ein hohes Maß an Kontrolle über diese Form der Außendarstellung haben. Sie können verschiedene Entwürfe intern diskutieren, Vor- und Nachteile bestimmter Fassungen abwägen, Experten zu Rate ziehen und viele weitere Vorbereitungen treffen, ohne dass diese Vorbereitungen selbst schon für Außenstehende sichtbar wären. Solche Texte sind daher von jedem Spontanitätsdruck entlastet, weil die Auswahl relevanter Informationen sowie die Entscheidung über geeignete Darstellungsformen auf der einen Seite und die eigentliche Mitteilung auf der anderen Seite zeitlich weit auseinanderliegen können. Dies klingt zunächst komfortabel, birgt aber zugleich ein Risiko für Unternehmen.

Gerade nämlich weil Texte das Ergebnis von Entscheidungsprozessen sind, müssen Unternehmen damit rechnen, dass ihnen ‚ihre' Texte voll zugerechnet werden (Geser 1990). Einmal veröffentlicht und der Umwelt zugänglich gemacht, haben Unternehmen im Nachhinein kaum eine Chance, sich auf Distanz zu ihren eigenen Texten zu bringen. Homepages und ähnliche Formate mögen zwar von konkreten Autoren verfasst sein, als Resultate unternehmerischer Entscheidungen, die entlang formaler Kommunikationswege zustande kamen, sind sie jedoch vor allem Texte des Unternehmens selbst. Verschärft wird dieses Risiko der Zurechnung dadurch, dass Texte gespeichert bzw. archiviert werden können und Unternehmen zu einem späteren Zeitpunkt und aus gegebenem Anlass damit erneut konfrontiert werden können.

Stellen: Experten der Darstellung

Eine zweite Form der Außendarstellung von Unternehmen vollzieht sich über Repräsentanten, also über die Einrichtung spezifischer organisationaler Stellen. Abteilungen für Öffentlichkeitsarbeit, Pressesprecher aber auch Experten für ‚Investor Relations' und in Teilen sicher auch ‚Key Account Manager' sind Beispiele für solche Darstellungsexperten, die als legitimierte Sprecher des Unternehmens auftreten können. Um legitime Sprecher handelt es sich bei ihnen insofern, als die Repräsentation des Unternehmens durch die Formalstruktur gedeckt ist. Die Einrichtung solch legitimierter Sprecherrollen entlastet die übrigen Stellen im Unternehmen insofern ein Stück weit von Darstellungsaufgaben, als dass immer auf Pressesprecher oder Öffentlichkeitsbeauftragte als jene Stellen verwiesen werden kann, an die entsprechende Anfragen zu richten sind. Diese Zentralisierung von

Außendarstellungen unterstützt dementsprechend auch die Anfertigung einer konsistenten Außendarstellung, die es begünstigt, *das Unternehmen als Einheit erscheinen zu lassen.*

Im Vergleich zu Texten fallen einige Besonderheiten auf, die sich ergeben, wenn Unternehmen eigene Stellen für Zwecke der Außendarstellung einrichten. Ein offensichtlicher Unterschied zeigt sich mit Blick auf die Ansprechbarkeit. Texte werden der Umwelt lediglich als Rezeptionsangebot zugänglich gemacht. Mit der Einrichtung ausdifferenzierter Stellen der Darstellung erwachsen jedoch auch in der Umwelt Ansprüche, entsprechende Darstellungen einzufordern und abzurufen. Dort, wo es eine Abteilung für Öffentlichkeitsarbeit oder Public Relations gibt, erwartet die Öffentlichkeit auch Antworten auf Anfragen. Dies macht es erforderlich, auch relativ spontan Darstellungen produzieren zu können. Leicht nachvollziehbar ist dies etwa mit Blick auf die Betreuung von Social Media-Kanälen. So werden Unternehmen zunehmend auf ihren Facebook-Seiten mit Anfragen und Kommentaren konfrontiert – die beantwortet werden wollen.

Aus organisationswissenschaftlicher Perspektive sind damit zwei Konsequenzen verbunden. Zum einen versetzen sich Unternehmen durch diese Form der Ansprechbarkeit in die Lage, Informationen über ihre Umwelt zu gewinnen. Die entsprechenden Stellen sind daher auch *nicht reine* Darstellungsstellen, sondern dienen zugleich als „Reflexionszentren" (Kussin 2008) des Unternehmens – sie können beobachten, wie das Unternehmen von ihrer Umwelt beobachtet wird. Für das Unternehmen sind diese Stellen damit eine wichtige Quelle, um überhaupt erfahren zu können, welche Erwartungen seitens der Umwelt an das Unternehmen gerichtet werden.

Die in Stellen angelegte Ansprechbarkeit des Unternehmens verspricht aber nicht nur Informationen über die Umwelt, sondern lässt auch Kompetenzen für spontane Darstellungen erforderlich werden. Sprecher müssen sich zu An- und Rückfragen verhalten, selbst wenn die Reaktion darin bestehen mag, die Dinge unkommentiert zu lassen. Diese Reaktionen können dabei nicht immer unternehmensintern abgestimmt werden, sei es, weil die Interaktionsdynamik oder die Eigenzeiten der Kommunikationsmedien (siehe Social Media) eine gewisse Zügigkeit der Reaktion erwarten lassen. Unter diesen Voraussetzungen können allenfalls noch generalisierte Positionen und Kommunikationsstrategien intern abgestimmt werden. Die situative Ausformulierung obliegt jedoch den Stelleninhabern, die dann eine mehr oder weniger glückliche Figur machen können.

Ausdrucksverhalten: „Bitte recht freundlich"

Nicht immer erschöpfen sich die Anforderungen an die Unternehmensdarstellung in direkter und expliziter Kommunikation von Spezialstellen. Letztlich werden jedem Mitglied eines Unternehmens, das in seiner Rolle als Mitglied Kontakt zu Nicht-Mitgliedern hat, auch gewisse Kompetenzen der Außendarstellung abverlangt. Eine besondere Form dieser mitlaufenden Darstellungen vollzieht sich in Interaktionen unter Anwesenheitsbedingungen (Kieserling 1999). Dann gewinnt das Ausdrucksverhalten der Mitglieder eine besondere Bedeutung. Vor allem relevant ist dies, wenn der Kundenkontakt primär interaktionsbasiert verläuft, oder wenn bestimmte Interaktionssequenzen gleichsam Teil der unternehmerischen Leistungserstellung sind – so etwa die Begegnung mit Rezeptionisten im Hotel oder die Interaktionsschnipsel mit Flugbegleitern. Der Selbstbeschreibung nach erschöpft sich das Angebot dieser Unternehmen nicht darin, Übernachtungsgelegenheiten zur Verfügung zu stellen oder Körper zu befördern. Vielmehr wird das ‚Gesamterlebnis' zum Produkt – und zu einem Distinktionsmerkmal gegenüber der Konkurrenz.

Im Gegensatz zu (entschiedenen) Texten und der (ebenfalls entschiedenen) Einrichtung von Sonderstellen, ist das eher affektive Ausdrucksverhalten einzelner Organisationsmitglieder kaum formalisierbar. Zwar können Kleidervorschriften (z. B. das Tragen von Uniformen) oder Freundlichkeitsimperative durchaus zum Bestandteil formaler Rollenerwartungen werden. Ob ein Lächeln aber im Einzelfall aufrichtige Freundlichkeit oder eher eine ironische Rollendistanzierung anzeigt, lässt sich situativ kaum überprüfen und erst recht nicht nachweisen. Unternehmen mögen daher zwar ein großes Interesse an einem bestimmten Auftritt ihrer Mitglieder haben, sicherstellen können sie dieses in konkreten Situationen aber nicht. Dort wo ‚unangemessenes' Verhalten vorkommt und es die Grenzen der Interaktion überschreitet, etwa indem es zum Thema einer an das Unternehmen gerichteten Beschwerde wird, bleibt Unternehmen oftmals kaum etwas anderes übrig, als sich auf Distanz zu ihrem Mitglied zu bringen. Das Verhalten wird dann im Rahmen von Reparaturkommunikation (etwa Entschuldigungsschreiben) explizit auf die Person (statt auf die Rolle!) zugerechnet und als für das Unternehmen nicht typisch ausgewiesen.

Räumlichkeiten: Beeindruckende Orte

Eine letzte Form der Außendarstellung von Unternehmen sind repräsentative Räume. Wenngleich Unternehmen wie alle Organisationen *soziale* Gebilde sind, gibt es doch architektonisch gestaltete Orte, die Unternehmen zugerechnet werden. Hierzu gehören eher nach innen gerichtete Orte wie die Produktionsstätten von

Fabriken oder das ‚Backoffice' einer Bank, aber auch explizit für den Kontakt mit Publikum arrangierte und gestaltete Orte wie etwa Empfangsbereiche und Lobbys, Besprechungszimmer sowie temporäre Orte (etwa Messestände) und schließlich gesamte Gebäude, deren Erscheinung sich Passanten gleichsam aufdrängt und die bisweilen zum Wahrzeichen einer ganzen Stadt werden können (man denke nur an den Commerzbank-Tower in Frankfurt am Main oder an die ‚gläserne Manufaktur' von Volkswagen in Dresden).

Die ‚Architektur von Unternehmen' ist wenig erforscht. Wollte man ihr einen organisationswissenschaftlichen Platz zuweisen, so läge er sicher auch im Themenkreis der Außendarstellung. Ebenso wie Texte werden sich Unternehmen auch bauliche Erscheinungen als Entscheidung zurechnen lassen müssen. Angesichts des diffusen Sinngehalts von Architektur lassen die Gebäude und gestalteten Räume jedoch verschiedene Deutungen zu und ähneln damit eher dem für menschliches Ausdrucksverhalten typischen Modus indirekter Kommunikation. Gleichwohl fällt gerade auch in neuerer Zeit – man denke etwa an den ‚Spaceship' genannten Apple-Hauptsitz im kalifornischen Cupertino – auf, dass die Erschaffung extravaganter ‚Headquarter'-Bauten zu Prestigeprojekten werden, die als Symbole für Modernität und wirtschaftliche Potenz herhalten können (siehe dazu auch Kerr und Robinson 2016).

Das Risiko der Außendarstellung

Bisher haben wir uns vor allem auf die Funktionalität der Errichtung von Schauseiten konzentriert. Anstatt Einblicke auf das faktische Organisationsgeschehen im Inneren des Unternehmens zu gewähren, bietet das Unternehmen idealisierte Darstellungen seiner selbst an. Damit bleiben die gesamte organisationale Komplexität des Unternehmens sowie die damit einhergehenden Widersprüchlichkeiten und Irrationalitäten den Blicken von außen verborgen. Und das Unternehmen kann sowohl unterschiedlichen (und in Teilen ihrerseits widersprüchlichen) Umwelterwartungen wie auch eigenen Effizienz- und Stabilitätserfordernissen Rechnung tragen. Sich auf das Spiel selektiver und idealisierter Außendarstellungen einzulassen, ist jedoch auch mit Risiken verbunden, von denen zwei besondere Aufmerksamkeit verdienen: die Enttarnung von Heuchelei einerseits und die misslingende Entkopplung andererseits.

Die Enttarnung von Heuchelei

Wir hatten oben gesehen, dass der wesentliche Wirkmechanismus von Außendarstellungen darin liegt, dass *talk*, *decision* und *action* voneinander entkoppelt werden. Organisationen reden in einer bestimmten Weise über sich, um in entgegengesetzter Richtung handeln zu können. Dieses von Nils Brunsson als ‚Heuchelei' beschriebene Arrangement kann jedoch nur funktionieren, so lang die Tatsache der Entkopplung selbst nicht thematisiert wird. Organisierte Heuchelei im Sinne Brunssons ist keine legitime Organisationspraxis. Sie wird weder von der Umwelt toleriert (wie entsprechende Skandalisierungen in den Massenmedien regelmäßig zeigen), noch könnten sich Unternehmen selbst als ‚heuchlerisch' in Szene setzen.

Vor diesem Hintergrund bedarf es gesonderter Anstrengungen des Unternehmens, die Heuchelei latent zu halten. Es muss gleichsam geheuchelt werden, dass nicht geheuchelt wird. Brunsson (2003: 214f.) bezeichnet diesen reflexiven Mechanismus des Heuchelns als ‚Meta-Heuchelei'. Grundsätzlich laufen Unternehmen mit jeder Darstellung, die auf der Entkopplung von *talk*, *decision* und *action* basiert, Gefahr, der Heuchelei überführt zu werden. In diesen Fällen bleibt Unternehmen kaum etwas anderes übrig, als entweder die Praktiken dem *talk* anzupassen, oder abermals ‚talkförmig' zu reagieren und eine Zukunft in Aussicht zu stellen, die ohne Entkopplungsarrangements auskommt. Organisationswissenschaftlich gehaltvolle Erklärungen zur Funktionalität und in Teilen auch zur Unausweichlichkeit von Heuchelei dürften jedenfalls kaum abnahmefähig sein und als Reparaturmassnahme damit ausfallen.

Misslingende Entkopplung

Nicht allein die Sichtbarkeit der Entkopplung von *talk*, *decision* und *action* stellt ein Risiko für Unternehmen dar. Auch das Scheitern der Entkopplung kann eine eigene Risikoqualität gewinnen. Selbst dort, wo Unternehmen sich strategisch darum bemühen, bestimmte Umwelterwartungen ‚nur' symbolisch – also über die Anfertigung von Texten oder die Einrichtung von Stellen – zu bearbeiten, kann die entsprechende Entkopplung misslingen. Solche Unternehmen haben kein Heuchelei-Problem. Den gesellschaftlichen Konsistenznormen, wonach kommunizierte Handlungsabsichten und tatsächliche Handlungen übereinstimmen sollten, entsprechen sie durchaus. Aus organisationswissenschaftlicher Perspektive kann jedoch genau dieser Umstand für Unternehmen zum Problem werden.

Das Hauptrisiko misslingender (oder jedenfalls: ausbleibender) Entkopplung besteht darin, dass die entsprechenden Unternehmen sich einer spezifischen Umwelterwartung überanpassen. Wenn etwa Forderungen nach Umweltschutzmaßnahmen nicht allein symbolisch entsprochen wird, sondern sie auch noch auf der *action*-Ebene bearbeitet werden, so besteht die Gefahr, dass andere, für das Unternehmen aber ebenfalls bedeutsame Probleme (etwa eine möglichst effiziente Produktion) unzureichend bearbeitet werden können. Diese „Dynamik symbolischer Organisationspolitik" (Hasse und Japp 1997) kann sich vor allem dort entfalten, wo die Außendarstellung des Unternehmens auf thematisch ausdifferenzierten Stellen beruht. So mögen etwa Umweltschutzbeauftragte ihre Aufgabe nicht in erster Linie darin sehen, Ansprüche von außen abzuwehren, sondern vielmehr das Thema in die Entscheidungszentren der Organisation zu bringen und mit Relevanz auszustatten. Gestützt werden können solche Tendenzen zusätzlich von gesellschaftlichen Prozessen der Professionalisierung. Wenn Umweltschutzbeauftragte nicht allein mit Sonderwissen ausgestattet sind, sondern auch mit (quasi-)professionsspezifischen Werten, die nicht aus dem Unternehmen, sondern über ein externes Referenzsystem bezogen werden, wird es schwierig, sich innerhalb des Unternehmens auf Distanz zu diesen Ansprüchen zu bringen.

Fazit: Jenseits des (investigativen) Journalismus – die Schauseite als Gegenstand der Unternehmensforschung

Probleme der Außendarstellung sind für Unternehmen intrikat. Gerade jüngere Entwicklungen lassen erkennen, dass Unternehmen im Wettbewerb mit Konkurrenten nicht allein auf die Qualität ihrer Produkte setzen, um sich von ihren Mitbewerbern abzuheben. Die Behauptung, dass ein Produkt spezifische funktionale Erfordernisse überhaupt erfüllt, oder dass es sie gar besonders gut erfüllt, scheint Unternehmen heute kaum noch zu genügen. Stattdessen geraten neben dem Produkt zunehmend auch die organisationalen Kontexte der Produkterstellung in den Fokus. Die oben angesprochenen Corporate Social Responsibility-Programme deuten jedenfalls darauf hin, dass – mindestens in der Einschätzung der Unternehmen – nicht nur das Produkt (in funktionaler Hinsicht) ‚gut' sein muss, sondern dass auch die Organisation (in moralischer Hinsicht) ‚gut' sein muss. Ob der wirtschaftliche Erfolg von Unternehmen tatsächlich davon abhängig ist, wird zu einer nachgeordneten Frage, wenn Unternehmen sich wechselseitig beobachten und das Fehlen einer moralisch-aufgeladenen Selbstbeschreibung als Defizit auffallen würde.

Eine soziologisch gehaltvolle Analyse der Außendarstellungen von Unternehmen dürfte dabei keinesfalls an der Feststellung von Abweichungen zwischen idealisierten Selbstbeschreibungen und faktischen Unternehmenspraktiken stehen bleiben. Solche Diskrepanzen kommen vor und nach allem, was wir oben gesehen haben, sind sie sogar regelmäßig zu erwarten. Auch mag man die entsprechenden Inkonsistenzen zwischen *talk* und *action* von einem normativen Standpunkt aus kritisch beurteilen. Dies geschieht auch gar nicht selten, fällt letztlich aber eher in die Zuständigkeit investigativer Journalisten. Organisationswissenschaftliche Analyse müssen über diese bloße Feststellung von nicht eingelösten Versprechen hinausgehen und nach den Gründen und Folgen konkreter Darstellungsarrangements fragen. So ließe sich etwa untersuchen, ob und gegebenenfalls in welchen Hinsichten sich die Darstellungen verschiedener Unternehmen unterscheiden. Auch könnte es organisationswissenschaftlich von Interesse sein, unter welchen Umständen Unternehmen auf bestimmte Formen der Darstellung verzichten können, oder in welcher Weise (und mit welchen Folgen) ein konkretes Unternehmen verschiedene Formen der Darstellung miteinander verbindet – oder auch nicht.

Dies verspräche tatsächlich einen Gewinn im Verständnis der Funktionsweise konkreter Unternehmen. So würde sichtbar werden, dass auch Darstellungen hergestellt werden müssen, dass also auch über *talk* entschieden werden muss (z. B. im Falle von Texten), oder dass er kontinuierlich in *action* hergestellt werden muss (z. B. im Falle des Ausdrucksverhaltens). Man würde dann sehen, wie die Errichtung von Fassaden sowohl von Formalstrukturen wie auch von informalen Erwartungen gefärbt wird und wie voraussetzungsreich gelingende Inszenierungen sind. Zu sehen wäre dann aber auch, dass und wie genau die Schauseite auf die Binnenstrukturen von Unternehmen zurückwirkt.

Zum Schluss: Unternehmen erforschen 4

Ein Text, der sich selbst als Einführung bezeichnet, erhebt in aller Regel einen doppelten Anspruch. Er möchte sowohl einen informativen Überblick über ein Thema liefern, wie auch zur weiteren Auseinandersetzung mit dem entsprechenden Thema anregen. Dies gilt auch für die vorliegende Einführung in den Organisationstyp Unternehmen. Zum Abschluss dieser Einführung sollen dementsprechend zum einen die Erträge herausgestellt werden, die sich aus den hier präsentierten Beschreibungen und Überlegungen gewinnen lassen. Warum – so könnte die Leitfrage lauten – lohnt es sich, Unternehmen aus einer organisationswissenschaftlichen Perspektive zu erforschen? Zum anderen soll aber auch expliziert werden, inwiefern diese Einführung zur Entdeckung eigener Forschungsfragen einlädt und anleitet.

In der Rückschau auf die hier vorgeschlagene organisationswissenschaftliche Perspektive der Auseinandersetzung mit Unternehmen lassen sich mindestens in dreierlei Hinsichten Erträge für den Leser benennen. Dies betrifft zunächst einmal das Wissen über den Gegenstand selbst. Nach der Lektüre, so hoffe ich, weiß der Leser mehr über Unternehmen als zuvor. Jenseits dieser gegenstandsbezogenen Erkenntnisse lassen sich aber noch auf zwei weiteren Ebenen Einsichten für *eigene* Forschungen und Reflexionen gewinnen. Damit angesprochen sind die hier verwendeten Begriffe sowie der problemorientierte Zugriff auf Unternehmen.

Ein letztes Mal: Unternehmen als Organisationstyp

Wer Unternehmen verstehen möchte, wird nicht besonders weit kommen, wenn er sich allein für Marketingstrategien, für Bilanzanalysen und Accountingvorschriften, für Führungsstrategien, für Personalrekrutierung oder für die schillernden Schlagworte der zahllosen Managementkonzepte interessiert. Weder lassen sich Unternehmen allein auf Zahlungsströme reduzieren, noch auf die in Organigrammen dargestellten Weisungsketten, auf die in Prozesshandbüchern definierten Entscheidungsverfahren oder auf die geglätteten Darstellungen des Internetauftritts. Die offiziellen Selbstbeschreibungen der Unternehmen dürfen also keineswegs mit den Unternehmen selbst verwechselt werden. Selbstbeschreibungen erfüllen zwar – wie vor allem in Kapitel 3.3 gesehen – wichtige Funktionen; es handelt sich bei ihnen aber um Produkte des Unternehmens, nicht um dessen Abbildung.

Unternehmen als Organisation zu verstehen, heißt daher zuallererst, sich von überhöhten Rationalitätsunterstellungen freizumachen. Stattdessen findet der entsprechend sensibilisierte Beobachter Widersprüchlichkeiten und Irrationalitäten wohin er nur schaut: Regeln, die nur auf dem Papier existieren, Abteilungen, denen der eigene Erfolg und das eigene Prestige wichtiger sind als der Erfolg des Gesamtunternehmens, Selbstbeschreibungen, die bis an die Grenze zur Realsatire überzeichnet sind, Machtspiele und Intrigen, Scheinlösungen genauso wie Scheinprobleme.

Wer angesichts dieser Ausgangslage nach Orientierung sucht, wird sich am ehesten zurechtfinden, wenn er sich auf Distanz zu den zahllosen Details begibt, um so das Unternehmen als Ganzes in den Blick zu bekommen. Wer sich auf diesen Flug in größerer Höhe einlässt, wird eher in der Lage sein, nicht nur die Irrationalitäten zu sehen, sondern auch noch deren Gründe und Folgen. Er wird dann sehen, dass Unternehmen keine monolithischen Einheiten sind, sondern dass sie aus einer Vielheit von Perspektiven und Meinungen bestehen. Er wird sehen, dass dies auf unternehmensinterne Differenzierungen, auf standardisierte Ausbildungen und auf eine differenzierte Unternehmensumwelt zurückzuführen ist, aus der Unternehmen mit unterschiedlichsten und widersprüchlichen Erwartungen konfrontiert werden: gefordert werden Profite *und* Umweltschutz *und* Gleichstellung *und* Qualität. Und er wird darüber hinaus noch sehen, dass manches, was innerhalb von Unternehmen als Problem angesehen wird, faktisch eher einen Beitrag zur Problemlösung darstellt (man denke nur an die in Kapitel 3.2 besprochene ‚brauchbare Illegalität‘), wohingegen manch anderes, was in Unternehmen als Problemlösung gepriesen wird, durchaus eigene Probleme erzeugt.

Unternehmen als Organisationen zu verstehen, heißt daher auch, die Binnenkomplexität von Unternehmen zur Kenntnis zu nehmen. Ein Unternehmen ist keine fest gekoppelte Maschine, bei der ein Rädchen ins andere greift und bei der jeder Eingriff klar vorhersehbare Folgen hat. Vielmehr sind Unternehmen komplexe Sozialsysteme, bei denen jede Entscheidung und jeder Versuch der Selbständerung zugleich an vielen unterschiedlichen Stellen folgenreich sein kann. Hinzu kommt, dass die jeweiligen Einzelfolgen sich untereinander verstärken, neutralisieren oder einen dritten Effekt an unerwarteter Stelle hervorbringen können, der zudem womöglich auf die Ursprungsänderung zurückwirkt und damit abermals die Vorzeichen ändert. Unter solchen Bedingungen noch an die rationale Steuerbarkeit von

Unternehmen zu glauben, dürfte schwerfallen. Gleichzeitig stellt sich damit aber umso mehr die Frage, wie Unternehmen denn dann funktionieren, wenn die Vorstellung eines allumsichtigen Managements an der Spitze der formalen Hierarchie des Unternehmens unrealistisch erscheint. Diese Einführung skizziert wesentliche Funktionszusammenhänge innerhalb von Unternehmen. Vieles konnte dabei nur schlaglichtartig beleuchtet werden. Gleichwohl sind damit doch die Grundlagen geschaffen, um eigene tiefergehende Analysen anzugehen.

Den Dingen einen Namen geben: Begriffe als Werkzeuge der Unternehmensanalyse

Es hat zweifellos seinen Preis, sich vom Gegenstand der Analyse zu distanzieren, um nicht allein dessen Details, sondern die zentralen Zusammenhänge in den Blick zu bekommen. Und *Abstraktion* ist die Währung, in der dieser Preis zu entrichten ist. Die Begegnung mit abstrakten Begriffen löst bei wissenschaftlichen Anfängern und Praktikern in der Regel entweder eine gewisse Faszination oder Vorbehalte und Ablehnung aus. „Kann man das nicht auch einfacher sagen?" lautet dann eine häufig zu vernehmende Klage.

In der Tat ist in der Wissenschaft immer wieder auch ein Missbrauch abstrakter Begriffe festzustellen. Erfahrene Leser merken dann schnell, dass der Autor komplizierte Begriffe vor allem verwendet, um seine eigene Kompetenz zu demonstrieren – möglicherweise um die eigene Inkompetenz zu verbergen. Abgesehen von solchen Auswüchsen dienen Begriffe in der Wissenschaft aber zunächst einmal dazu, eine wechselseitige Verständigung zu ermöglichen. Zwar werden bisweilen ein und dieselben Phänomene je nach theoretischer Präferenz mit unterschiedlichen Begriffen beschrieben. Und auch umgekehrt kommt es vor, dass ein und derselbe Begriff in unterschiedlichen Theorien etwas anderes bezeichnet. Erfahrenen Lesern (und Autoren) dienen Begriffe aber als Chiffren, als Kurzformen also, die es ermöglichen, einen unter Umständen recht komplexen Sachverhalt sehr knapp – manchmal mit einem einzigen Wort – zu bezeichnen. Wer Begriffe verwendet, kann daher sehr schnell signalisieren, an welche wissenschaftlichen Arbeiten und Traditionen er anschließen möchte bzw. von welchen er sich abzugrenzen versucht. Begriffe zu kennen, ist dementsprechend auch unverzichtbar, um am organisationswissenschaftlichen Diskurs teilnehmen zu können.

Jenseits dieser eher sozialen Gründe für die Auseinandersetzung mit Begriffen gibt es aber auch sachlich gute Gründe, sich auf Fachbegriffe einzulassen und sie für eigene Zwecke zu nutzen. Zunächst einmal erscheint die Verwendung von Begriffen sinnvoll, um Verwechselungen mit den Selbstbeschreibungen der Unternehmen-

spraxis zu vermeiden. Wir hatten im vorangegangenen Abschnitt gesehen, dass
eine gehaltvolle Analyse von Unternehmen zwischen den Selbstbeschreibungen
des Unternehmens einerseits und der Unternehmenswirklichkeit andererseits
unterscheiden muss. Wenn sich die Qualität einer Analyse aber daran zeigt, wie
gut es gelingt, eine *alternative Fremdbeschreibung* anzufertigen, dann erscheint
es als durchaus sinnvoll, auch eine eigene Sprache zu verwenden, in der man sich
über die relevanten Phänomene verständigt.

Der zweite sachliche Vorteil der Verwendung von Begriffen hängt eng mit dem
ersten Punkt zusammen: Begriffe erlauben es, sich *präziser auszudrücken*, als dies
in der Alltagssprache der Praxis üblicherweise möglich ist. Begriffe entstehen in
der Regel nicht isoliert, sondern im Rahmen von Theorien. Sie sind daher immer
schon eingebettet in ein Netz weiterer Begriffe, die wechselseitig aufeinander verweisen. Theorien lassen sich genauso wenig als eine Ansammlung von Begriffen
verstehen, wie eine Sprache die bloße Ansammlung von Vokabeln ist. Vielmehr
gilt für Theorien wie für Sprachen: Man muss auch die Grammatik, also die Regeln
der Verknüpfung beherrschen, um sie sinnvoll einsetzen zu können. Einerseits
erhöht dies fraglos den Aufwand, sich mit ihnen vertraut zu machen. Andererseits
ermöglichen Begriffe es gerade auf diese Weise, in der Komplexität empirischer
Phänomene Orientierung zu stiften und Ordnung zu schaffen. Wem die Sprache
fehlt, um die Dinge sortieren zu können, der kann sich nur in ihnen verlieren. In
diesem Sinne sind Begriffe auch jenseits wissenschaftlicher Interessen hilfreich,
so dass etwa auch Berater, Manager oder Mitarbeiter in Unternehmen von ihnen
profitieren können.

Für den Forschungsprozess besonders bedeutsam ist ein dritter Gewinn, der
mit der Kenntnis und Verwendung von Begriffen verbunden ist: Wer über einen
Grundstock an theoretischen Begriffen und Konzepten verfügt, dem fällt es leich-
ter, *neue Fragen zu entdecken*. Die vorliegende Einführung in Unternehmen dient
primär als eine Heuristik, als ein Werkzeugkasten also. Das Ziel ist es dementsprechend auch nicht, mit dieser Einführung schon alle Fragen zu beantworten, die
sich mit Blick auf Unternehmen stellen. Stattdessen soll dem Leser ein Hilfsmittel
bereitgestellt werden, um eigenständig nach Antworten zu suchen – und auch, um
relevante Fragen überhaupt erst entdecken und sie stellen zu können. In diesem
Sinne fungieren Begriffe als „sensitizing concepts" (Blumer 1954), die auf Probleme und Fragen aufmerksam machen und so eine erste Orientierung verschaffen.

Es geht daher auch nicht darum, die hier vorgestellten Konzepte lediglich auf
konkrete Fälle zu übertragen. Vielmehr mag gerade in der Entdeckung und Analyse
von konkreten Abweichungen das ‚Besondere' sichtbar und mögen die ‚Sonderfälle'
in ihren Eigenheiten verständlich werden. Nur wer etwas über Informalität, über
den Mechanismus der Formalisierung, über das Konzept der Entscheidungsprä-

missen oder über unterschiedliche Formen der Refinanzierung weiß, ist überhaupt in der Lage, auch an ‚neue' Phänomene (z. B. Job Sharing, Social Entrepreneurs, Start-ups etc.) gehaltvolle Fragen zu richten. Es geht also nicht darum, die Begriffe und Konzepte zu lernen, um zu *wissen*, wie Unternehmen sind, sondern es geht darum, Begriffe zu verwenden, um kluge Fragen zu *finden*, deren Bearbeitung es erlaubt, Unternehmen ein bisschen besser zu verstehen. Begriffe und die mit ihnen angesprochenen theoretischen Konzepte sind gleichsam die Atome der Unternehmensanalyse. Sie lassen sich – so lange dies in nachvollziehbarer Weise geschieht – frei aufeinander beziehen und mit den empirischen Gegebenheiten ins Gespräch bringen. Und insbesondere Studierende seien ermuntert, genau dieses auch zu tun.

Analyse statt Rezepte: Von der Problemlösung zum Problemverständnis

Abschließend soll noch die dieser Einführung zugrundeliegende Herangehensweise expliziert werden, weil sich aus ihr eine Perspektive für eigene weitere Forschungen gewinnen lässt. Am Anfang unserer Überlegungen zum Organisationstyp Unternehmen stand ein Problem – das Problem der Refinanzierung. Hiervon ausgehend haben wir eine Reihe konkreterer Anschlussprobleme (z. B. den Innovationsdruck) aber auch Mechanismen und Strukturen der Problembearbeitung (etwa das hohe Maß an Entscheidungsautonomie) und sich wiederum daraus ergebende Folgeprobleme (vor allem gesteigerte Unsicherheiten) identifiziert. Sieht man einmal von den konkreten Themen ab, die wir behandelt haben, so lässt sich ein Netz von Problem-Lösung-Folgeproblem-Konstellationen erkennen. Solche Problem*dynamiken* aufzuspüren, ihnen nachzugehen, sie zu beschreiben und sie auf ihre Ursachen und Folgen hin zu analysieren, ist eine Perspektive, die sich auf praktisch alle Phänomene im Kontext von Unternehmen anwenden lässt. Immer lässt sich fragen: Welche Probleme werden durch bestimmte Strukturen bearbeitet (Funktion) und welche Anschlussprobleme werden durch die konkrete Form der Problembearbeitung erzeugt (Folgen). Auf der Grundlage eines solchermaßen vertieften Problemverständnisses wird man dann auch über Formen der Problemlösung nachdenken können, dabei aber häufig vor allem sehen, warum viele Probleme kaum dauerhaft gelöst werden können bzw. worin der Preis für entsprechende Bemühungen besteht.

Sich für Probleme zu interessieren, ist gerade mit Blick auf Unternehmen weit verbreitet. Ein Unternehmen zu managen heißt häufig, Probleme zu lösen – oder sie wenigstens kontinuierlich zu bearbeiten. Unternehmensberater werden zumeist mit Verweis auf Probleme engagiert – sei es um sie zu bewältigen oder antizipierte

Probleme doch noch zu vermeiden. Wichtig zu sehen ist, dass dieser Zugriff auf Probleme sich in ganz grundsätzlicher Weise von dem hier für wissenschaftliche Zwecke vorgeschlagenen *Interesse an Problemen* unterscheidet. Sowohl für die Management- wie auch für die Beratungspraxis gilt, dass sie primär ein Interesse an der *Lösung* von Problemen haben. Das ist ein durchaus legitimes Anliegen. Ein organisationswissenschaftliches Interesse an Unternehmen muss jedoch grundsätzlicher ansetzen.

Gerade bei organisationswissenschaftlichen Anfängern ist immer wieder zu beobachten, dass sie die Relevanz und Qualität der eigenen Arbeit daran messen, wie gut es ihnen gelingt, Vorschläge zur Verbesserung von Unternehmen zu machen: Wie könnte dieses oder jenes ,besser', ,effektiver', ,effizienter' oder auch ,richtig' gemacht werden? Wenngleich solche Fragen im Kontext der Management-Praxis – eben weil dort konkrete Entscheidungen unvermeidbar sind – von großer Relevanz sein mögen, sind sie aus einer organisationswissenschaftlichen Perspektive doch praktisch unbrauchbar. Schließlich verdecken solche Fragen oftmals die eigentlichen Probleme: Was soll denn ,besser' genau heißen, mit Blick auf welches Problem genau? Und wie damit umgehen, wenn ,Verbesserungen' in einer Hinsicht mit Dysfunktionalitäten in anderen Hinsichten einhergehen?

Eine wissenschaftliche Perspektive auf unternehmerische Problemdynamiken lässt sich immer dann gewinnen, wenn man normative Fragestellungen – Fragen also, die sich dafür interessieren, *wie etwas sein soll* – vermeidet. Stattdessen gilt es zu untersuchen, *wie etwas faktisch ist* (deskriptiv) und *warum es genau so ist, wie es ist* (analytisch). Dementsprechend kann es mit Blick auf die Unternehmensforschung auch nicht darum gehen, Unternehmensprobleme zu lösen. Vielmehr kommt es darauf an, die Probleme überhaupt erst einmal zu kennen und sie tiefergehend zu verstehen.

Literatur

Abrahamson, Eric. 1991. Managerial Fads and Fashions: The Diffusion and Rejection of Innovations. *Academy of Management Review* 16: 586–612.

Aldrich, Howard E. 1971. Organizational Boundaries and Inter-organizational Conflict. *Human Relations* 24: 279–293.

Aldrich, Howard E., und Ellen R. Auster. 1986. Even Dwarfs started small: Liabilities of Age and Size and their Strategic Implications. *Research in Organizational Behavior* 8: 165–198.

Ashkenas, Ron, Dave Ulrich, Todd Jick, and Steve Kerr. 1995. *The boundaryless organization. Breaking the chains of organizational structure*, 1. Aufl. San Francisco: Jossey-Bass.

Aspers, Patrik. 2015. *Märkte.* [S.l.]: Springer VS.

Baecker, Dirk. 1991. *Womit handeln Banken? Eine Untersuchung zur Risikoverarbeitung in der Wirtschaft.* Frankfurt a. M.: Suhrkamp.

Baecker, Dirk. 1993. *Die Form des Unternehmens.* Frankfurt am Main: Suhrkamp.

Baecker, Dirk (Hrsg.). 2003. *Organisation und Management. Aufsätze.* Frankfurt a. M.: Suhrkamp.

Barnard, Chester I. 1960[1938]. *The Functions of the Executive.* Cambridge, Mass.: Harvard University Press.

Bauer, Reinhold. 2006. *Gescheiterte Innovationen. Fehlschläge und technologischer Wandel.* Campus Forschung, Bd. 893. Frankfurt/Main: Campus.

Bensman, Joseph, und Israel Gerver. 1963. Crime and Punishment in the Factory: The Function of Deviancy in Maintaining the Social System. *American Sociological Review* 28: 588–598.

Berger, Peter L., and Thomas Luckmann. 1980. *Die gesellschaftliche Konstruktion der Wirklichkeit. Eine Theorie der Wissenssoziologie.* Frankfurt a. M.: Fischer.

Berliner, Joseph S. 1957. *Factory and Manager in the USSR.* Russian Research Center studies, Bd. 27. Cambridge: Harvard Univ. Press.

Besio, Cristina. 2009. *Forschungsprojekte. Zum Organisationswandel in der Wissenschaft.* Science Studies. Bielefeld: transcript.

Blau, Peter M. 1982. Konsultation unter Kollegen. In *Elementare Soziologie*, hrsg. Wolfgang Conrad und Wolfgang Streeck, 102–116, 2. Aufl. Opladen: Westdeutscher Verlag.

Blau, Peter M., and William Richard Scott. 1962. *Formal Organizations. A Comparative Approach.* San Francisco: Chandler.

Blumer, Herbert. 1954. What is Wrong with Social Theory? *American Sociological Review* 19: 3–10.

Bosetzky, Horst. 2010. Das Don Corleone-Prinzip in der öffentlichen Verwaltung. In *Sternstunden der Soziologie: Wegweisende Theoriemodelle des soziologischen Denkens*, hrsg. Sighard Neckel, Ana Mijic, Christian von Scheve, und Monica Titton, 258–267. Campus Reader. Frankfurt am Main [u. a.]: Campus.

Bruderl, Josef, und Rudolf Schussler. 1990. Organizational Mortality: The Liabilities of Newness and Adolescence. *Administrative Science Quarterly* 35 (3): 530. doi: 10.2307/2393316.

Brunsson, Nils. 1989. *The Organization of Hypocrisy. Talk, Decisions and Actions in Organizations*. Chichester.

Brunsson, Nils. 2003. Organized Hypocrisy. In *The Northern lights: Organization theory in Scandinavia*, hrsg. Barbara Czarniawska und Guje Sevón, 201–222. Malmö: Liber [u. a.].

Brunsson, Nils. 2009. *Reform as routine. Organizational change and stability in the modern world*. Oxford: Oxford University Press.

Brunsson, Nils, und Kerstin Sahlin-Andersson. 2000. Constructing Organizations: The Example of Public Sector Reform. *Organization Studies* 21: 721–746.

Bühler, Martin, und Tobias Werron. 2014. Zur sozialen Konstruktion globaler Märkte: Ein kommunikationstheoretisches Modell. In *Finanzmarktpublika: Moralität, Krisen und Teilhabe in der ökonomischen Moderne*, hrsg. Andreas Langenohl und Dietmar J. Wetzel, 271–299. Wirtschaft und Gesellschaft. Wiesbaden: Imprint: Springer VS.

Burns, Tom. 1961. Micropolitics: mechanisms of institutional change. *ASQ* 6 (3): 257–281.

Burns, Tom, and George Macpherson Stalker. 1961. *The Management of Innovation*, 2. Aufl., Bd. 6. London: Tavistock Publishing.

Chamberlin, Edward H. 1952. "Full Cost" and Monopolistic Competition. *The Economic Journal* 62: 318–325.

Chamberlin, Edward H. 1962. *The Theory of Monopolistic Competition. A Re-Orientation of the Theory of Value*, 8. Aufl. Cambridge, Mass.: Harvard University Press.

Chandler, Alfred Dupont. 1965. The Railroads: Pioneers in Modern Corporate Management. *The Buisness History Review* 39: 16–40.

Chandler, Alfred Dupont. 1977. *The visible hand. The Managerial Revolution in American Business*. Cambridge, Mass. [u. a.]: Belknap Press.

Crozier, Michel, and Erhard Friedberg. 1993. *Die Zwänge kollektiven Handelns. Über Macht und Organisation*. Frankfurt a. M.: Hain.

Cyert, Richard M., and James G. March. 1992[1963]. *A Behavioral Theory of the Firm*, 2. Aufl. Cambridge, Mass., USA: Blackwell Business.

Czarniawska, Barbara, und Bernward Joerges. 1996. Travel of Ideas. In *Translating organizational change*, hrsg. Barbara Czarniawska und Guje Sevón, 13–48. de Gruyter Studies in Organization, Bd. 56. Berlin, New York: Walter de Gruyter.

Daft, Richard L., und Karl E. Weick. 1984. Toward a Model of Organizations as Interpretation Systems. *Academy of Management Review* 9: 284–295.

Dill, William R. 1965. Business Organizations. In *Handbook of Organizations*, hrsg. James G. March, 1071–1114. Chicago: Rand McNally.

DiMaggio, Paul (Hrsg.). 2001. *The twenty-first-century firm. Changing economic organization in international perspective*. Princeton, NJ: Princeton University Press.

DiMaggio, Paul J., und Walter W. Powell. 1983. The iron cage revisited: Institutional Isomorphism and collective rationality in organizational fields. *American Sociological Review* 48: 147–160.

Drucker, Peter F. 1998. *Die Praxis des Managements. Ein Leitfaden für die Führungs-Aufgaben in der modernen Wirtschaft*, 1969. Aufl. Düsseldorf, München: ECON.

Feldman, Martha S., und James G. March. 1981. Information in Organizations as Signal and Symbol. *Administrative Science Quarterly* 26: 171–186.

Fichman, Mark, und Daniel A. Levinthal. 1991. Honeymoons and the Liability of Adolescence: A new Perspective on Duration Dependence in Social and Organizational Relationships. *The Academy of Management Review* 16: 442–468.

Freeman, John, Glenn R. Carroll, und Michael T. Hannan. 1983. The liability of Newness: Age Dependence in Organizational Death Rates. *American Sociological Review* 48: 692–710.

Furubotn, Eirik Grundtvig, and Rudolf Richter. 2005. *Institutions and economic theory. The contribution of the new institutional economics*, 2. Aufl. Ann Arbor: University of Michigan Press.

Gemünden, Hans Georg, und Achim Walter. 1995. Der Beziehungspromotor: Schlüsselperson für interorganisationale Innovationsprozesse. *Zeitschrift für betriebswirtschaftliche Forschung* 65: 971–986.

Geser, Hans. 1990. Organisationen als soziale Akteure. *Zeitschrift für Soziologie* 19 (6): 401–417.

Goffman, Erving. 2008. *Wir alle spielen Theater. Die Selbstdarstellung im Alltag.* München: Piper.

Gouldner, Alvin W. 1965. *Wildcat Strike. A Study in Worker Management Relationships.* Researches in the social, cultural and behavioral sciences, Bd. 1176. New York [u.a.]: Harper & Row.

Gouldner, Alvin Ward. 1964/1954. *Patterns of industrial bureaucracy. A Case Study of modern Factory Administration.* A Free Press paperback. New York: Free Press.

Grubendorfer, Christina. 2016. *Einführung in systemische Konzepte der Unternehmenskultur,* 1. Aufl. Carl-Auer Compact. Heidelberg, Neckar: Carl-Auer Verlag GmbH.

Gutenberg, Erich. 1988 [1929]. *Die Unternehmung als Gegenstand betriebswirtschaftlicher Theorie.* Vaduz, Liechtenstein: Topos.

Hannan, Michael T., und John Freeman. 1984. Structural Inertia and Organizational Change. *American Sociological Review* 49: 149–164.

Hasse, Raimund. 2010. Ökonomisierungstendenzen bei Non-Profits, Großunternehmen und Start-ups: Eine theoriegeleitete Diskussion empirischer Trends. In *Die Ökonomie der Organisation – die Organisation der Ökonomie,* hrsg. Martin Endreß und Thomas Matys, 93–119. Wiesbaden: VS Verlag.

Hasse, Raimund, und Klaus P. Japp. 1997. Dynamik symbolischer Organisationspolitik: Umwelt- und Selbstanpassung als Folgewirkung ökologischer Leistungserwartungen. In *Handbuch Umweltschutz und Organisation: Ökologisierung, Organisationswandel, Mikropolitik,* hrsg. Martin Birke, Burschel Carlo, und Michael Schwarz, 134–162. München, Wien: Oldenbourg Verlag.

Hasse, Raimund, und Eva Passarge. 2015. Silicon Valley und sonst nichts Neues?: Biotechnologie in der Schweiz als Beispiel für neue Organisationsformen und deren Legitimierung. *Zeitschrift für Soziologie* 44: 6–21.

Hauschildt, Jürgen, und Alok K. Chakrabarti. 1988. Arbeitsteilung im Innovationsmanagement: Forschungsergebnisse, Kriterien und Modelle. *Zeitschrift Führung und Organisation* 57: 378–388.

Hoebel, Thomas. 2014. Träge Fusionen: Das Problem der Organisationsvergessenheit. In *Fusion und Kooperation in Kirche und Diakonie,* hrsg. Stefan Jung und Thomas Katzenmayer, 127–143. Management – Ethik – Organisation, v.2. Göttingen: Vandenhoeck & Ruprecht.

Horch, Heinz-Dieter. 1983. *Strukturbesonderheiten freiwilliger Vereinigungen. Analyse und Untersuchung einer alternativen Form menschlichen Zusammenarbeitens.* Campus Forschung, Bd. 324. Frankfurt/Main, New York: Campus.

Horch, Heinz-Dieter. 1985. Personalisierung und Ambivalenz: Strukturbesonderheiten freiwilliger Vereinigungen. *Kölner Zeitschrift für Soziologie und Sozialpsychologie* 37: 257–276.

Hsu, Greta, Özgecan Kocak, und Michael T. Hannan. 2009. Multiple Category Memberships in Markets: An Integrative Theory and Two Empirical Tests. *American Sociological Review* 74: 150–169.

Kerr, R., und S. Robinson. 2016. Architecture, symbolic capital and elite mobilisations: The case of the Royal Bank of Scotland corporate campus. *Organization* 23 (5): 699–721. doi: 10.1177/1350508415606988.

Kette, Sven. 2011. Risiko – Vertrauen – Organisation: Zur Vertrauensäquivalenz von Organisationen. Kommentar zum Hauptartikel „Vertrauen. Ein Ferment gesellschaftlicher Risikoproduktion" von Torsten Strulik. *Erwägen, Wissen, Ethik* 22: 276–279.

Kette, Sven. 2012. Das Unternehmen als Organisation. In *Handbuch Organisationstypen*, hrsg. Maja Apelt und Veronika Tacke. Wiesbaden: Springer VS.

Kette, Sven. 2014. Organisationsprobleme wissensorientierter Regulierung: Der Fall Bankenregulierung. In *Wissensregulierung und Regulierungswissen*, hrsg. Alfons Bora, Anna Henkel, und Carsten Reinhardt, 219–242, 1. Aufl. Weilerswist: Velbrück.

Kette, Sven. 2017. *Prognostische Leistungsvergleiche. Ratings zwischen Performanz und Performativität.* Erscheint in: Dorn, Christopher; Tacke, Veronika (Hrsg.): Vergleich und Leistung in der funktional-differenzierten Gesellschaft. Wiesbaden: Springer VS.

Kette, Sven, und Veronika Tacke. 2015. Systemtheorie, Organisation und Kritik. In *Systemtheorie und Differenzierungstheorie als Kritik: Perspektiven in Anschluss an Niklas Luhmann*, hrsg. Albert Scherr, 232–265. Gesellschaftsforschung & Kritik. Weinheim: Beltz Juventa.

Kette, Sven, and Veronika Tacke. 2017. *Dynamiken des Leistungsvergleichs im Kontext von Organisationen der Wirtschaft.* Erscheint in: Dorn, Christopher; Tacke, Veronika (Hrsg.): Vergleich und Leistung in der funktional-differenzierten Gesellschaft. Wiesbaden: Springer VS.

Kieser, Alfred. 1997. Rhetoric and Myth in Management Fashion. *Organization* 4: 49–74.

Kieserling, André. 1999. *Kommunikation unter Anwesenden. Studien über Interaktionssysteme.* Frankfurt a. M.: Suhrkamp.

Kieserling, André. 2009. *Netzwerke. Unveröffentlichtes Vorlesungsmanuskript.* Bielefeld.

Kieserling, André. 2015. Luhmann, Niklas (1968): Zweckbegriff und Systemrationalität. Über die Funktion von Zwecken in sozialen Systemen. Frankfurt am Main: Mohr Siebeck. In *Schlüsselwerke der Organisationsforschung*, hrsg. Stefan Kühl, 422–426. Wiesbaden: Springer VS.

Kohl, Tobias. 2014. *Geld und Gesellschaft. Zu Entstehung, Funktionsweise und Kollaps von monetären Mechanismen, Zivilisation und sozialen Strukturen.* Weimar (Lahn): Metropolis.

Kühl, Stefan. 2002. Jenseits der Face-to-Face-Organisation. *Zeitschrift für Soziologie* 31 (3): 186–210.

Kühl, Stefan. 2005. Profit als Mythos: Über den Erfolg und Misserfolg im Exit-Kapitalismus. In *Finanzmarkt-Kapitalismus: Analysen zum Wandel von Produktionsregimen*, hrsg. Paul Windolf, 117–144. Kölner Zeitschrift für Soziologie und Sozialpsychologie: Sonderhefte. Wiesbaden: VS Verlag für Sozialwissenschaften.

Kühl, Stefan. 2011. *Organisationen. Eine sehr kurze Einführung*, 1. Aufl. Wiesbaden: VS Verlag.

Kühl, Stefan. 2015. *Wenn die Affen den Zoo regieren: Die Tücken der flachen Hierarchien.* Frankfurt a. M.: Campus Verlag GmbH.

Kühl, Stefan. 2017. *Märkte explorieren. Eine kurze organisationstheoretisch informierte Handreichung.* Wiesbaden: Springer VS.

Küpper, Willi, und Günther Ortmann. 1986. Mikropolitik in Organisationen. *Die Betriebswirtschaft* 46: 590–602.

Küpper, Willi, und Günther Ortmann. 1988. Mikropolitik: Das Handeln der Akteure und die Zwänge der Systeme. Vorwort. In *Mikropolitik: Rationalität, Macht und Spiele in Organisationen*, hrsg. Willi Küpper und Günther Ortmann, 7–9. Opladen: Westdt. Verlag.

Kussin, Matthias. 2008. PR-Stellen als Reflexionszentren multireferentieller Organisationen. In *Theorien der Public Relations: Grundlagen und Perspektiven der PR-Forschung*, hrsg. Ulrike Röttger, 117–133, 2. Aufl. Wiesbaden: VS Verlag.

Lamla, Jörn, und Sighard Neckel (Hrsg.). 2006. *Politisierter Konsum – konsumierte Politik.* Wiesbaden: VS Verlag.

Lawrence, Paul R., and Jay W. Lorsch. 1967. *Organization and Environment. Managing Differentiation and Integration.* Boston, Mass.: Harvard University Press.

Levitt, Barbara, und James G. March. 1988. Organizational Learning. *Annual Review of Sociology* 14: 319–340.

Lieberman, Marvin B., und David B. Montgomery. 1988. First-Mover Advantages. *Strategic Management Journal* 9: 41–58.

Lindblom, Charles E. 1959. The science of "muddling through". *Public Administrative Review* 19 (2): 79–88.

Lüchinger, René. 2001. *Der Fall Swissair. Das Drama, der Untergang, die Akteure*, 2. Aufl. Zürich: WM Wirtschaftsmedien AG, Bilanz.

Luhmann, Niklas. 1962. Der neue Chef. *Verwaltungsarchiv* 53: 11–24.

Luhmann, Niklas. 1964. *Funktionen und Folgen formaler Organisation.* Berlin: Duncker & Humblot.

Luhmann, Niklas. 1968. Die Programmierung von Entscheidungen und das Problem der Flexibilität. In *Bürokratische Organisation*, hrsg. Renate Mayntz, 324–341. Köln [u. a.]: Kiepenheuer & Witsch.

Luhmann, Niklas. 1971. Die Knappheit der Zeit und die Vordringlichkeit des Befristeten. In *Politische Planung. Aufsätze zur Soziologie von Politik und Verwaltung*, hrsg. Niklas Luhmann, 143–164. Opladen: Westdt. Verlag.

Luhmann, Niklas. 1974a. Funktion und Kausalität. In *Soziologische Aufklärung, Bd. 1: Aufsätze zur Theorie sozialer Systeme; 4. Aufl*, hrsg. Niklas Luhmann, 9–30. Opladen: Westdt. Verlag.

Luhmann, Niklas. 1974b. Funktionale Methode und Systemtheorie. In *Soziologische Aufklärung, Bd. 1: Aufsätze zur Theorie sozialer Systeme; 4. Aufl*, hrsg. Niklas Luhmann, 31–53. Opladen: Westdt. Verlag.

Luhmann, Niklas. 1977. *Zweckbegriff und Systemrationalität. Über die Funktion von Zwecken in sozialen Systemen*, 2. Aufl. Suhrkamp-Taschenbuch Wissenschaft, Bd. 12. Frankfurt a. M.: Suhrkamp.

Luhmann, Niklas. 1988a. *Die Wirtschaft der Gesellschaft.* Frankfurt a. M.: Suhrkamp.

Luhmann, Niklas. 1988b. Organisation. In *Mikropolitik: Rationalität, Macht und Spiele in Organisationen*, hrsg. Willi Küpper und Günther Ortmann, 165–185. Opladen: Westdt. Verlag.

Luhmann, Niklas. 1991. *Soziologie des Risikos.* Berlin [u. a.]: de Gruyter.

Luhmann, Niklas. 1997. *Die Gesellschaft der Gesellschaft.* Frankfurt a. M.: Suhrkamp.

Luhmann, Niklas. 2000. *Organisation und Entscheidung.* Opladen [u. a.]: Westdt. Verl.

Luhmann, Niklas. 2009a. Allgemeine Theorie organisierter Sozialsysteme. In *Soziologische Aufklärung 2: Aufsätze zur Theorie der Gesellschaft,* hrsg. Niklas Luhmann, 48–62. Wiesbaden: VS Verlag.

Luhmann, Niklas. 2009b. Organisation und Entscheidung. In *Soziologische Aufklärung 3: Soziales System, Gesellschaft, Organisation,* hrsg. Niklas Luhmann, 389–450. Wiesbaden: VS Verlag.

March, James G., and Herbert A. Simon. 1993. *Organizations,* 2. Aufl. Cambridge, Mass.: Blackwell.

Marx, Karl. 1962. *Das Kapital. Kritik der politischen Ökonomie. In: Marx-Engels-Werke, Band 23.* Berlin: Dietz.

Mense-Petermann, Ursula (Hrsg.). 2006. *Transnationale Konzerne. Ein neuer Organisationstyp?,* 1. Aufl. Wiesbaden: VS Verlag.

Mense-Petermann, Ursula. 2012. Multinationals, Transnationals, Global Players. In *Handbuch Organisationstypen,* hrsg. Maja Apelt und Veronika Tacke, 43–61. Wiesbaden: VS Verlag.

Meyer, John W., und Brian Rowan. 1977. Institutionalized organizations: Formal structure as myth and ceremony. *American Journal of Sociology* 83: 340–363.

Mintzberg, Henry. 1979. *The structuring of organizations. A synthesis of the research.* Englewood Cliffs: Prentice-Hall.

Mormann, Hannah. 2013. Zur informationstheoretischen und organisationstheoretischen Formalisierung von Organisation. In *Quoten, Kurven und Profile: Zur Vermessung der sozialen Welt,* hrsg. Jan-Hendrik Passoth und Josef Wehner, 69–86. Wiesbaden: Springer VS.

Mormann, Hannah. 2016. *Das Projekt SAP. Zur Organisationssoziologie betriebswirtschaftlicher Standardsoftware,* 1. Aufl. Sozialtheorie. Bielefeld: transcript.

Mühle, Ursula. 2010. *The politics of corporate social responsibility. The rise of a global business norm.* Frankfurt, M. [u. a.]: Campus-Verl.

Neidhardt, Friedhelm. 1979. Das Innere System sozialer Gruppen. *Kölner Zeitschrift für Soziologie und Sozialpsychologie* 31: 639–660.

Oliver, Christine. 1991. Strategic Responses to Institutional Processes. *Academy of Management Review* 16: 145–179.

Paul, Axel T., und Benjamin Schwalb. 2012. Kriminelle Organisationen. In *Handbuch Organisationstypen,* hrsg. Maja Apelt und Veronika Tacke, 327–344. Wiesbaden: VS Verlag.

Pfeffer, Jeffrey, and Gerald R. Salancik. 2003 [1978]. *The external control of organizations: A Resource dependence perspective.* New York [u. a.]: Harper & Row.

Podolny, Joel. 1993. A Status-Based Model of Market Competition. *American Journal of Sociology* 98: 829–872.

Rappaport, Alfred. 1986. *Creating shareholder value. The new standard for business performance.* New York, London, Toronto: The Free Press.

Sattelberger, Thomas, Isabell Welpe, and Andreas Boes. 2015. *Das demokratische Unternehmen. Neue Arbeits- und Führungskulturen im Zeitalter digitaler Wirtschaft,* 1. Aufl.

Schimank, Uwe. 2002. Organisationen: Akteurkonstellationen – Korporative Akteure – Sozialsysteme. In *Organisationssoziologie,* hrsg. Jutta Allmendinger und Thomas Hinz. Kölner Zeitschrift für Soziologie und Sozialpsychologie Sonderhefte, Bd. 42. Wiesbaden: Westdeutscher Verlag.

Schneider, Wolfgang Ludwig. 2004. *Grundlagen der soziologischen Theorie. Band 3: Sinnverstehen und Intersubjektivität – Hermeneutik, funktionale Analyse, Konversationsanalyse und Systemtheorie.* Wiesbaden: VS Verlag.

Schumpeter, Joseph Alois. 1953. Die Krise des Steuerstaats. In *Aufsätze zur Soziologie*, hrsg. Joseph Alois Schumpeter, 1–71. Tübingen: Mohr.

Schützeichel, Rainer. 2003. *Sinn als Grundbegriff bei Niklas Luhmann.* Frankfurt a. M. [u. a.]: Campus Verlag.

Shanahan, Suzanne, und Sanjeev Khagram. 2006. Dynamics of Corporate Responsibility. In *Globalization and organization: World society and organizational change*, hrsg. Gili S. Drori, John W. Meyer, und Hokyu Hwang, 196–224. Oxford: Oxford Univ. Press.

Simon, Herbert A. 1997. *Administrative Behavior. A study of decision-making processes in administrative organizations*, 4. Aufl. New York [u. a.]: Free Press.

Sørensen, Jesper B., und Toby E. Stuart. 2000. Aging, Obsolescence, and Organizational Innovation. *Administrative Science Quarterly* 45: 81–112.

Starbuck, William H. 1983. Organizations as Action Generators. *American Sociological Review* 48: 91–102.

Stigler, George J. 1952. *The Theory of Price.* New York: Macmillan.

Stinchcombe, Arthur L. 1965. Social Structures and Organizations. In *Handbook of Organizations*, hrsg. James G. March, 142–193. Chicago: Rand McNally.

Stinchcombe, Arthur L. 1990. *Information and Organizations.* California series on social choice and political economy, Bd. 19. Berkeley: University of California Press.

Stinchcombe, Arthur L. 2001. *When formality works. Authority and abstraction in law and organizations.* Chicago: University of Chicago Press.

Strang, David, und Michael W. Macy. 2001. In Search of Excellence: Fads, Success Stories, and Adaptive Emulation. *American Journal of Sociology* 107 (1): 147–182. doi: 10.1086/323039.

Strulik, Torsten. 2008. Evaluationen in der Wirtschaft: Ratingagenturen und das Management des Beobachtetwerdens. In *Wissenschaft unter Beobachtung: Effekte und Defekte von Evaluationen*, hrsg. Hildegard Matthies und Dagmar Simon, 288–314. Leviathan, Zeitschrift für Sozialwissenschaft. Sonderheft, 24/2007. Wiesbaden: VS Verlag.

Suchman, Mark C. 1995. Managing Legitimacy: Strategic and Institutional Approaches. *Academy of Management Review* 20: 571–610.

Sydow, Jörg. 2010. Organisationale Pfade: Wie Geschichte zwischen Organisationen Bedeutung erlangt. In *Die Ökonomie der Organisation – die Organisation der Ökonomie*, hrsg. Martin Endreß und Thomas Matys. Wiesbaden: VS Verlag.

Sydow, Jörg, Georg Schreyögg, und Jochen Koch. 2009. Organizational Path Dependence: Opening the Black Box. *Academy of Management Review* 34: 689–709.

Tacke, Veronika. 1997. Systemrationalisierung an ihren Grenzen: Organisationsgrenzen und Funktionen von Grenzstellen in Wirtschaftsorganisationen. In *Managementforschung 7: Gestaltung von Organisationsprozessen*, hrsg. Georg Schreyögg und Jörg Sydow, 1. Berlin, New York: de Gruyter.

Tacke, Veronika. 2010. Organisationssoziologie. In *Handbuch spezielle Soziologien*, hrsg. Georg Kneer und Markus Schroer, 341–359, 1. Aufl. Wiesbaden: VS Verlag.

Tacke, Veronika. 2015. Formalität und Informalität: Zu einer klassischen Unterscheidung der Organisationssoziologie. In *Formalität und Informalität in Organisationen*, hrsg. Victoria von Groddeck und Sylvia M. Wilz, 37–92, 1. Aufl. Organisationssoziologie. Wiesbaden: Springer VS.

Teubner, Gunther. 1992. Die vielköpfige Hydra: Netzwerke als kollektive Akteure höherer Ordnung. In *Emergenz. Die Entstehung von Ordnung, Organisation und Bedeutung*, hrsg. Wolfgang Krohn und Günter Küppers, 189–216. Frankfurt a. M.: Suhrkamp.

Thompson, James David. 1967. *Organizations in action. Social science bases of administrative theory*. New York: McGraw-Hill.

Toffler, Alvin. 1970. *Der Zukunftsschock*. Bern [u. a.]: Scherz.

Tyrell, Hartmann. 1983. Zwischen Interaktion und Organisation I: Gruppe als Systemtyp. In *Gruppensoziologie: Perspektiven und Materialen*, hrsg. Friedhelm Neidhardt, 75–87. Kölner Zeitschrift für Soziologie und Sozialpsychologie. Sonderheft, Bd. 25. Opladen: Westdeutscher Verlag.

Vogel, Martin. 2013. Management des Ungefähren: Zur außer-ordentlichen Position von Stellvertretern in Organisationen. In *Organisation außer Ordnung: Außerordentliche Beobachtungen organisationaler Praxis*, hrsg. Martin Vogel, 127–145. Göttingen [u. a.]: Vandenhoeck et Ruprecht.

Weber, Max. 2009 [1972]. *Wirtschaft und Gesellschaft. Grundriss der verstehenden Soziologie*. Tübingen: Mohr-Siebeck.

Weick, Karl E. 1985. *Der Prozeß des Organisierens*. Frankfurt a. M.: Suhrkamp.

Weick, Karl E. 1995. *Sensemaking in Organizations*. Thousand Oaks, Calif.: Sage.

White, Harrison C. 1981. Where Do Markets Come From? *American Journal of Sociology* 87: 517–547.

Wiesenthal, Helmut. 1990. *Unsicherheit und Multiple-Self-Identität. Eine Spekulation über die Voraussetzungen strategischen Handelns*. Discussion Paper 90/2. Köln.

Williamson, Oliver E. 1985. *The Economic Institutions of Capitalism. Firms, Markets, Relational Contracting*. New York: Free Press.

Wimmer, Rudolf, und Annette Gebauer. 2004. Die Nachfolge in Familienunternehmen. *Zeitschrift Führung und Organisation* 73: 244–252.

Witte, Eberhard. 1973. *Organisation für Innovationsentscheidungen. Das Promotoren-Modell*. Schriften der Kommission für Wirtschaftlichen und Sozialen Wandel, Bd. 2. Göttingen: Schwartz.

Woodward, Joan. 1965. *Industrial Organization. Theory and Practice*. London: Oxford University Press.

Über die Reihe „Organisationen – sehr kurze Einführungen"

In der Reihe erscheinen sehr kurze, theoretisch informierte Einführungen zu unterschiedlichen Organisationstypen wie Unternehmen, Parteien, Verwaltungen, Armeen, Schulen, Universitäten, Gerichten, Gefängnissen, Kirchen, Sozialeinrichtungen oder Krankenhäusern.

Die Einführungen zu den jeweiligen Organisationstypen orientieren sich dabei von ihrer Grundstruktur an dem Einführungsbuch „Organisationen. Eine sehr kurze Einführung", um einen systematischen Vergleich zwischen den verschiedenen Organisationstypen zu ermöglichen.

Bisher erschienen:

Stefan Kühl
Organisationen
Eine sehr kurze Einführung
VS Verlag für Sozialwissenschaften. 2011
ISBN 978-3-531-17978-0